世界最終戦争の正体

元駐ウクライナ大使
馬渕睦夫

宝島
SUGOI
文庫

宝島社

文庫版まえがき　世界最終戦争がついに始まった

２０１４年2月に起きたウクライナのマイダン・クーデターが今日のウクライナ戦争の元凶です。このクーデターとその後の展開については本書をご覧いただきたいのですが、２０２２年2月24日に始まったロシアによるウクライナ特殊軍事作戦は当初の目的をほぼ達成し、9月になって新たなステージに移行しました。その象徴が9月30日に行われたプーチン大統領の演説です。

ルガンスク人民共和国、ドネツク人民共和国、ザポロージェ及びケルソンの二地域における住民投票の結果を受けて、これらをロシア領に編入する条約署名式典において、プーチン大統領は米英などの一極支配主義者の世界制覇を阻止するために、ロシアは身を呈して戦う旨を宣言しました。

これは、事実上世界最終戦争つまりハルマゲドンを意味します。従来から米英勢力による一極支配を批判し、世界各国がそれぞれ主権と民族文化を維持した多極世界を唱えてきたプーチン大統領ですが、今回は一極支配主義者に対し、正面から戦う意思を宣言したわけです。

私たちは主流メディア報道などによって洗脳され続けていますが、現在の世界はバイデン政権が喧伝しているような中露の権威主義勢力vs米英等の民主主義勢力との戦いではありません。米英に象徴されるグローバリスト勢力vsロシアを筆頭とするナショナリスト勢力との対決なのです。特にウクライナへのロシア侵攻以来私たちはメディアなどによってプーチン巨悪説を植え付けられていますが、プーチン大統領の一連の演説などを客観的に分析すれば、世界に害悪をばらまいているのは誰なのかが明らかになってきます。

2007年のミュンヘン安全保障会議以来、アメリカの一極支配に警鐘を鳴らし続けてきたプーチン大統領は、今世界は「革命的変革」の時に突入したと宣言しました。プーチン大統領が言う革命的変革とは、ネオコンが推進してきた世界統一政府の樹立構想が挫折したことを意味します。

ウクライナ戦争は終わった

プーチン大統領が上記4地域などのロシアへの併合を宣言したのは、今年2月

24日以来のウクライナ戦争が事実上ロシアの勝利で終結したからです。ところが、米英政府のみがこの現実を認めようとしないのです。ドイツはじめ主なEU諸国は水面下でロシアとの取引を行っている節が見られます。このような動きに警告的工作を断行したのが、米英によるノルドストリーム・パイプラインの破壊テロでした。ドイツへの安価なロシア産天然ガスの提供を停止させて、高価なアメリカ産の液化天然ガスを買わせる魂胆です。米英のノルドストリーム・パイプライン破壊工作は国家テロ行為であり、国際法上はドイツに対する宣戦布告行為に該当します。

プーチン大統領もこの演説の中で、アメリカは一層のウクライナ支援を要求しているが、ほとんどのヨーロッパ諸国は渋々アメリカの要求に応じているに過ぎないと指摘しています。ロシア産エネルギーへの欧州の依存を断絶させることによって、アメリカは欧州の脱工業化を狙っていることを欧州首脳は理解していますが、やむなくアメリカに従っていると喝破しているのです。お気づきのように、ヨーロッパ特にドイツ、フランス、イタリアなどの主要国においては、ウクライナ支援疲れと対ロ経済制裁のブーメラン効果による経済の疲弊が顕著に見られるようになりました。

最近のイタリア総選挙における右派政党の勝利は、ウクライナ戦争継続への国民の拒否反応を反映したものと見られます。ここで思い出されるのは、今から60年前に、米欧支配層の集まりであるローマ・クラブが脱工業化を唱えていたことです。プーチン氏は世界統一を狙う、これら支配層の謀略を良く理解しているのです。

本書で詳述しましたが、2014年のマイダン・クーデターを裏から操ったジョージ・ソロスは2015年に締結された東部地域における内戦状態を解決する「ミンスク合意」の破棄を訴え、欧米に対しウクライナへの大規模な軍事支援を要求しました。これに応え、アメリカはウクライナにロシア攻撃の軍事基地を建設してゆきました。

これらの基地を運営していたのが、悪名高いネオナチのアゾフ大隊です。ロシア特殊軍事作戦の結果、3月末ごろにはアゾフ大隊は事実上壊滅しました。この時が、停戦のチャンスだったのです。ゼレンスキー大統領も同意した停戦合意案を反故にさせたのはアメリカでした。いわゆる「プチャの虐殺」が誰の仕業であったのか、結果（停戦交渉の頓挫）から原因（犯人）を推察すれば、答えはおのずと明らかです。停戦を望んでいたロシアが犯人であるはずがありません。

プーチンの多極世界観

前述したように、プーチン大統領の世界観は主権国家が共存する多極化世界です。この発想はトランプ大統領の「アメリカファースト・各国ファースト」の世界観と通底しています。ウクライナ戦争にプーチン大統領を引き摺り込んで失脚させるという２０１４年以来のネオコンの目論見は失敗しました。何故プーチン大統領を失脚させなければならないのか。ネオコンの世界観は世界の統一ですが、世界を統一するためにはどうしてもロシアを支配する必要があるからです。プーチン大統領はこの演説の中で、世界征服を目論んでロシアに攻め込んだ勢力をロシアが撃退してきた歴史に言及していますが、ロシアは侵略を旨とする国ではなく、基本的に防御的国家なのです。

世界の覇者を目指す権力者はロシアを支配しなければならないという地政学上の原理を、地政学の泰斗ハルフォード・マッキンダーはこう言い残しています。

「東欧を支配する者はハートランド（ロシア）を制し、ハートランドを支配する者はユーラシア大陸を制し、ユーラシア大陸を支配する者は世界を制する」と。世界統一を狙うネオコン勢力はこの地政学上の原理に従い、ロシア征服を狙っているのです。これに対し、プーチン大統領は世界統一主義者との戦いにおいて多極化勢力が勝つ理由を、これら多極派が世界の多数派を占めていると強調しています。なぜなら、世界統一主義者が進めている民族の倫理観の破壊は世界の共感を得られないからです。

プーチン大統領が敬虔なロシア正教徒であることはつとに知られていますが、欧米における左傾化による伝統的文化破壊の動き、特に人権の蹂躙に警鐘を鳴らし、もはや欧米においては人権の回復は不可能であるとまで断定しました。この演説の中で、欧米においては道徳律、宗教、家族の否定が横行しているとして、父親、母親の代わりに親1、親2、親3と呼ばせたり、学校教育の現場で男と女以外の性があることを教えて、子供の意識を混乱させているトランスジェンダー教育の現状を深く憂いています。

プーチン大統領はこれらの左傾化傾向が1917年のロシア革命の負の遺産で

あることを強調していますが、ロシア革命がもたらした共産主義国家ソ連のKGB出身のプーチン大統領の指摘であるだけに説得力があります。プーチン大統領はこの演説の前から世界に同様の警鐘を鳴らし続けてきました。最近では、2021年10月にロシアの保養地ソチで開催されたバルダイ会議において、ボルシェビキ革命時のレーニンによる伝統文化破壊政策に詳細に言及して、欧米で進行中の社会主義化に対して深刻な懸念を表明しました。

「多様性と包摂性」という共産主義スローガン

プーチン大統領によれば、現在欧米の左翼リベラルが推進している多様性社会は決して新しい現象ではなく、レーニン主導のボルシェビキ革命政権がマルクス・エンゲルスの教義に従い実施しようとした伝統的価値観の破壊実験をコピーしたものと話しています。ボルシェビキは伝統的な政治、経済、社会生活様式を変革し、社会を成り立たせている道徳の概念や習慣を否定し、何世紀にわたり受け継がれてきた伝統的価値観を破壊しようと試みたのです。その結果、人間同士が互いに不信感に陥り、愛する人や家族を密告するまでに堕落してしまったとレーニン革命を非難しました。

さらにレーニンはフリーセックスを奨励する一方で、女性や子供の国有化を宣言したと暴露しました。フリーセックスの真意は、適齢期の女性はプロレタリアートの男性とのみ結婚が可能で、女性は求婚を拒否できず、かくして生まれた子供は国家の所有となるという革命的人間関係観です。要するに、家族の否定です。なぜなら家族こそ革命の障害になるからでした。

現在わが国も含め深く浸透中の多様性社会や多文化共生社会を礼賛するポリティカル・コレクトネスは、共産主義革命の落とし子なのです。その象徴がオバマ大統領です。２０１１年の「連邦政府職員の多様性と包摂性（diversity and inclusion）」を促進する大統領令で、ＬＧＢＴの米軍への入隊を承認し、更に、ＬＧＢＴをヒーローとまで持て囃しました。

２０２２年10月３日に行なった所信表明演説で、岸田総理は新しい資本主義を支える基盤となるのは、老若男女や障害のある人たちなど全ての人が生きがいを感じられる多様性のある社会であり、女性活躍・孤独・孤立対策など包摂社会の実現に取り組むと強調しました。少数者支援を意味する「多様性と包摂性」を今後の日本社会の基盤とするということは、日本社会を共産主義化する宣言と受け取られても仕方がない表現ぶりです。

プーチン大統領は演説の中で日本をドイツ、韓国と並びアメリカの占領下にあると断定しました。しかし、岸田政権の施策を見ると、プーチンの批判を否定できない現状にあります。プーチン大統領は世界制覇を目指す欧米支配層を悪魔崇拝者と切って捨てました。これは、キリスト教を奉じるロシアによる無神論の悪魔に対する最終戦争、すなわち聖書が予言するハルマゲドンを示唆しています。

このような世界情勢の下で、日本の選択が問われています。世界統一秩序の駒として彼らに隷属する道を選ぶのか、それとも独立主権国家として日本の伝統的価値観の下で生き続けるのか、読者の方々の気付きに期待する所以《ゆえん》です。

令和4年10月吉日　馬渕睦夫

まえがき

将来の歴史家は、２０１５年を世界が破局に向かって動き始めた年として記憶することになるでしょう。賽《さい》は投げられました。世界は第三次世界大戦に向かってルビコン川を渡ってしまいました。そして、２０１６年は破局に向かってさらに歩を進める年となりました。そして、２０１７年以降はこのままゆけば、いよいよ実際に大規模な軍事衝突が発生する可能性が高いでしょう。私たちはまだその正確な時期と具体的な場所を知らないだけです。

本書は、何とか世界大戦争を防ぎたいとの強い思いから緊急出版されました。全人類を巻き込み、地球を破壊するような第三次世界大戦は、絶対に阻止されなくてはなりません。もし、第三次世界大戦となれば、この戦争は世界最終戦争（ハルマゲドン）になる可能性が強いでしょう。過去二回の世界大戦は決して偶然勃発したのではありません。世界を統一しようとする勢力によって計画され実施されたのです。このような歴史の見方は決して陰謀論の類ではありません。過去二つの大戦がなぜ起こったのか、そしてその結果どのような世界秩序が齎《もたら》されたのかを丹念に辿《たど》ってゆけば、これらの大戦が世界統一という最終目的のために周到に用意されたことがわかるのです。

そこで、世界最終戦争を阻止する鍵を握っている世界の指導者は誰なのでしょうか。残念ながら、アメリカの大統領でも中国の習近平主席でもありません。ましてや、ドイツの首相やフランスの大統領でもありません。世界を破滅から救えるのは、ロシアのプーチン大統領なのです。そして、プーチン大統領がこの役割を達成できるか否かの鍵は、安倍元総理にあったのです。

つまりこういうことです。安倍元総理がプーチン大統領にこの役割を十分果たせるよう協力することだったのです。日露の協力によって世界は破滅から救われることになるはずでした。その理由は明白です。現在の世界はグローバル市場化によって世界を統一しようと企んでいる勢力と、国家や民族文化を重視してグローバル市場化といった世界の画一化に反対している勢力との間に、熾烈《しれつ》な争いが繰り広げられているからです。言い換えれば、グローバリズム対ナショナリズムの世界規模における戦いです。現在、この戦いが世界最終戦争へのいわば前哨戦《ぜんしょうせん》として行われているのです。

日本もロシアも国家の発展を図る上で伝統文化の果たす役割が重要であることを認識しています。日露両国は、マネー至上主義に基づくグローバル市場化の行き過ぎを是正しなければならないと考えています。といっても、グローバル市場化を頭から否定し、グローバル勢力と正面から対決しようと意図しているのでもありません。グローバリズムの行き過ぎを是正するとともにナショナリズムの意義を再確認することによって、グローバリズムとナショナリズムの共存を図ろうとしているのです。

ところが、マネーの力による世界統一を目指してグローバリズムを推進している勢力は、戦争に訴えてでも強制的にグローバル市場化を達成しようとしているのです。グローバル化勢力にとっては、ナショナリズムは市場を歪《ゆが》める敵でしかありません。だから、彼らにはグローバリズムとナショナリズムの共存を図るという発想はないわけです。第三次世界大戦は、マネーの力による世界統一を目指すグローバリストにとって最後の手段として考えられているのです。世界をグローバル市場で統一するためには、世界大戦が必要と考えている勢力が、今日の世界的混乱を引き起こしたのです。2015年までは何とか熱戦に至らずに済んでいたのは、グローバル化勢力の仕掛けた罠《わな》にプーチン大統領が嵌《は》まっていなかったからなのです。

2015年11月24日に発生したトルコ戦闘機によるロシア軍爆撃機撃墜事件は、世界を震撼《しんかん》させました。もし、この事件を受けてプーチン大統領がトルコに報復爆撃を加えていたら、世界はあっという間に第三次世界大戦に引きずり込まれていたでしょう。トルコはNATO（北大西洋条約機構）のメンバーであり、トルコへの軍事攻撃はNATO全体への軍事攻撃と見なされるので、NATOとロシアの正面衝突になった可能性があったからです。このように考えますと、プーチン大統領の自制によって、世界は救われたといえるのです。

ロシア機撃墜事件の対応に見られるようなプーチン大統領の自制的態度は、今回が初めてではありません。実は、2013年晩秋のウクライナ危機の勃発以来ほぼ3年にわたり、欧米、より正確に言えばアメリカのネオコン勢力、すなわち軍産複合体と国際金融資本家によるプーチン大統領追い落としの策略が繰り広げられてきたのです。シリア内戦もプーチン大統領を挑発する工作の一環であり、

IS（イスラム国）問題も究極的にはプーチンを失脚させるためにこれらの勢力によって作り上げられ、中東を中心にテロ事件を頻発させて、グローバル市場化推進のために利用されているのです。

このように、世界は一触即発の危機にあります。東アジア情勢も決して例外ではありません。中国の南シナ海領有化などに見られる対外的暴走と北朝鮮の数々の挑発行為による朝鮮半島情勢の不安定化も、世界が一挙に戦闘に巻き込まれる火種を孕《はら》んでいるのです。

翻《ひるがえ》ってわが国の現状を見ますと、２０１５年の安保法制国会審議を巡って野党や反日メディアが繰り広げてきたお花畑的な安全保障議論は、このような世界の厳しい現実から隔絶した異次元の空論に終始しました。彼らはおめでたいことに、憲法9条さえ擁護すればわが国は平和だと一方的に信じているのですが、もし世界を巻き込むような戦争が発生すれば、いくら憲法9条を振りかざしても戦争はわが国をバイパスしてはくれません。

いうまでもなく、安全保障議論の根幹はわが国の安全をいかにして守るかに尽きます。しかし、この基本認識ですら国内にはコンセンサスがないのです。このような野党やメディアの無責任な姿勢は、彼ら自身の存在意義を危機的状況に貶《おとし》めていますが、彼ら自身これに全く気づいていないのです。それどころか、彼らはわが国を狙っている外国勢力のエージェントの役割を事実上担っていることに全く自覚がないのです。彼らの発する言葉が空虚であることを国民が既に見抜いていることに彼らが気づいていない事実が、何よりも彼らの能力の低落振りを証明しています。

世界の歴史が教えてくれているように、国家は外敵の侵入により滅ぶこともありますが、国内秩序の乱れによって内部から崩壊することもあるのです。わが国の存亡の危機的状況とは、国内秩序の乱れのことです。わが国の国内秩序の乱れを防止するためにいま私たちがまずなすべきことは、世界で実際に起こっている紛争の現実と反日メディアや知識人などを通じて私たちの脳裏に刻み込まれてきた世界認識とのギャップを埋めることです。そのためには、メディアが伝える洗脳情報を捨象して、現実に起こっている事態を正確に把握することから始めることが必要です。このことが、わが国の国防の第一歩であると信じます。つまり、国民一人一人が防人《さきもり》であるのです。

本書は以下の構成になっています。

第1部では昨年から今年にかけての世界の動きを概観します。いわば、時間軸で世界がどういう方向に展開してきたかを検証するものです。世界の主な事件には関連性が認められるのです。

第2部ではこれらの世界の動きの背景に迫ります。なぜ世界秩序はこんなに混乱しているのか、誰が何のために何を工作しているのか。世界でいま本当に起きていることが浮かび上がってきます。

第3部では、世界の破局を防ぐためにどうすればよいかについて、提言します。21世紀の運命に大きな影響を及ぼす国が、わが日本とロシアであることを明らかにします。

本書は現時点における私の世界観の集大成です。本書が読者の方々の新たな気づきのお役に立つことができるなら、著者にとって望外の幸せです。

著者

目次　世界最終戦争の正体

文庫版まえがき　世界最終戦争がついに始まった……2
まえがき……12

第1部　世界で起きた地殻変動……25

第1章　日米関係修復を可能にした世界情勢の変化……26

ウクライナ東部停戦合意成立……27
ネムツォフ元露第一副首相暗殺……33
プーチン大統領公の場から姿を消す……35
コロモイスキー・ドニプロペトロフスク州知事解任……38
ジョージ・ソロスの対ロシア戦争待望発言……41
ウクライナ問題ではプーチンが勝利した……48
日米首脳会談の意義……51
アメリカはプーチン訪日を黙認した……55

アメリカは中国の膨張を抑止することに決めた……57
中国報道の洗脳……59
G7サミットにおける安倍総理の活躍……63
平和安全法制論議に見るわが国の安保認識の脆弱性……69
わが国の国防原理は「専守防衛」である……74
平和は状態に過ぎない……77

第2章　アメリカの世界戦略の転換……82

国連総会を舞台にした首脳外交の顚末……82
ロシアがIS空爆に参加……84
G2とはアメリカとロシアのこと……86　ISテロの横行……89
テロ戦争の幕開けを告げた9・11同時多発テロ……92
ネオコンとは何か……94　「テロとの戦い」という国際干渉政策……98

第3章　世界が変わったロシア機撃墜事件……103

なぜトルコでテロ事件が頻発したのか……107

２０１６年7月15日のトルコ・クーデター未遂事件の真相……110
トルコ情勢は日本とも関連がある……116

第４章　「イスラム国」（ＩＳ）の正体……119
ＩＳの不思議……119　ＩＳの出自……126
オバマ大統領とネオコンの対立……128
テロ戦争と共産主義暴力革命……131

第2部　誰が世界に戦争を仕掛けているのか……137

第１章　戦争と市場……138
ブレジンスキーとは何者か……140　グローバリズムとは何か……143
三段階のレジーム・チェンジ方式……146
ブレジンスキーはなぜオバマに期待したのか……148
東欧カラー革命やアラブの春に見るレジーム・チェンジ……150
アラブの春とは何だったのか……153　市場とは何か……155

マネーとは何か……157　国家と債務……161
国家が民営化される……166
破綻国家も市場である……170　世界統一政府の樹立……171
21世紀の民族大移動シリア難民……175
反移民政党が躍進するドイツ……178
イギリスのEU離脱は移民問題……180
市場のルールか国民主権か……183
移民はグローバル化の最後の手段……184　わが国への教訓……185
アメリカ大統領選挙も移民が焦点……189
ヒラリーのアキレス腱、ベンガジ事件……193
トランプ人気とは何か……195　職業軍人が支持したトランプ……197

第2章　中国とは何か……199

中国とは国家ではなく市場である……201　中国人の性格……204
中国共産党エリートとウォールストリートの蜜月……207
南シナ海紛争は古典的な国家対国家の対立……213

第3部　21世紀を破滅から救え……215

第1章　ロシアを支配するものが世界を制する……216

グローバル化に抵抗しているプーチン大統領……219

第2章　日露新時代の幕開け……221

日露関係がついに動き出した……221
北方領土交渉の道筋とは何か……222
プーチン大統領の12月訪日がやっと決まった……225
すべてはソチ会談で始まった……227
領土交渉と8項目は相互にリンクしている……229
ロシアの新しい理念……230　グローバルな視点とは……235
北方領土の大筋合意の内容……239　二人で最後の決断を……242

あとがき……244
文庫版あとがきに代えて　今後の日露関係……248
著者プロフィール……252

第1部

世界で起きた地殻変動

第１章
日米関係修復を可能にした世界情勢の変化

まえがきで述べたように、世界を破滅から救える指導者はロシアのプーチン大統領です。２０１５年の国際情勢はプーチン大統領を中心に動いてきたといえます。プーチン大統領と並ぶ昨年の国際政治における主役の一人は安倍元総理でした。特に、２０１５年４月末の訪米および６月のドイツ・エルマウで開かれたＧ７（先進7カ国の首脳会議）エルマウ・サミット成功へ向けての周到な外交努力は、東アジアの戦略地図を塗り替えたといっても過言ではありません。このように安倍総理（当時）の外交が成果を上げた背景には、それまでの国際情勢に注目すべき変化があったのです。これらを順に追ってゆきますと、世界の地殻変動が見て取れます。日米関係の進展を論ずるのにまずウクライナ情勢から入らざるを得ないことが、昨年の世界の戦略地図の特徴を示しているからです。

さらに言えば、2016年の世界情勢の骨格は2015年に形作られました。従って、今日世界で生じている様々な事件の背景を理解するためには、どうしても2015年何が起こったのかを正確に把握することが必須なのです。2015年一年の世界の動きはもう過去の出来事として、読者の方々はあまり関心がないかもしれません。しかし、決して過去の出来事ではありません。今日の世界は過去の世界の転写でもあるからです。つまり、過去と現在は密接に繋《つな》がっているのです。

ウクライナ東部停戦合意成立

2015年の国際情勢を左右した最大の要因の一つは何といってもウクライナ情勢の転換であったといえます。2013年の晩秋から起こったウクライナ危機の原因については、すでに拙著『世界を操る支配者の正体』（講談社）で詳しく論じましたので繰り返しませんが、今日の世界の混乱の引き金になったのがウクライナ危機であったので、ここで足早に危機の顚末《てんまつ》を見てゆきたいと思います。

２０１３年11月、ウクライナとＥＵとの連合協定への署名をヤヌコビッチ大統領（当時）が土壇場で拒否したことに端を発した親欧米派による反政府デモは、２０１４年２月になってヤヌコビッチ大統領を力で追放するという事実上のクーデターにまで発展しました。これがクーデターである理由は、ウクライナ憲法に違反したからです。ウクライナ憲法では、任期途中で大統領を交代させるには議会における弾劾裁判の手続きを踏む必要がありますが、この弾劾裁判は行われずに、デモ隊が力づくで大統領を追放したのです。大統領は暴徒化したデモ隊の襲撃から逃れてロシアへ逃亡したのですが、たとえ大統領が逃亡しても弾劾裁判を行うことは可能でした。新政権の憲法上の正統性を主張するためには、議会で弾劾裁判を行うべきでしたが、結局最後まで行われませんでした。従って、どう考えても民主的な政権交代ではなかったことは明白です。しかし、世界のメディアはなぜかこの非合法の政権転覆であった点について沈黙を守り続けたのです。

ヤヌコビッチ大統領追放の結果成立した親欧米派の暫定政権が、ロシア語公用語の廃止やロシア系住民の迫害など露骨な反ロシア政策を取ったことから、事態は急変しました。特に、5月2日南部の主要都市オデッサで起こったロシア系住民に対する虐殺事件（ビル内に押し込められたロシア系住民40人以上が、放火などによって殺害された）は、政権内の極右勢力が指導したものであり、新政権の暴力的反露姿勢を暴露するものでした。

新政権が発足直後からロシア排除政策を打ち出したため、ロシアが租借しているクリミア半島のセバストポリ軍港の使用が不可能になる危惧を抱いたプーチン大統領は、3月になって住民投票を実施させ、その結果に基づきクリミア半島をロシアに編入したのです。なお、念のためですが、クリミア半島の住民の70％近くがロシア系であったことは、ロシアへの編入が必ずしもロシア政府の一方的意思に基づいていたわけではないことを証明するものといえます。さらに付言すれば、1991年のソ連邦崩壊の際独立したロシアとウクライナの間でクリミアの帰属を巡って激しい意見対立があり、ウクライナに帰属した後もロシア国内においてクリミア返還運動が続いていたことも忘れてはならないでしょう。

ちなみに、クリミア半島はもともと帝政ロシア領であったのですが、その後ソ連時代に、かつてウクライナ共産党第一書記を務めたことがあるニキータ・フルシチョフ首相（当時）が、クリミアの管轄をロシア共和国からウクライナ共和国に移管したことが今日の紛争の遠因です。当時は両国ともソ連邦の構成共和国であり行政管轄権の移管そのものは特に問題視されなかったのです。

さて、本題に戻しますと、アメリカはクリミア編入は国際法を無視した領土拡張であるとして強硬にロシアに抗議し、ＥＵ（ヨーロッパ連合）とわが国を誘いロシアに対する経済制裁を実施しました。ここに、ウクライナ問題はロシアと欧米とが直接対峙する国際紛争になったのです。この時、アメリカがロシアとウクライナとの仲介努力を払わずに一挙に経済制裁に走ったことにも、何か裏があるように思えてなりません。通常、紛争が生じた場合、まずは紛争拡大を防ぐために当事者間の妥協を仲介する外交努力が行われるのです。国連安全保障理事会はそのために存在しているといっても過言ではありません。

例えば、２００８年の８月にグルジア（現ジョージア）で南オセチアに駐留していたロシアの平和維持軍とグルジア軍との間で戦闘が勃発しました。これを受けロシア正規軍はグルジア本土に侵攻し、首都トビリシ近郊までを制圧した上、トルコ経由EU向けのバクー産石油パイプラインを押さえたのです。この際は、安保理ではなくEU議長国であったフランスのサルコジ大統領（当時）がロシアとグルジアの仲介に走り回り、停戦が合意されたのです。アメリカはロシアに制裁は行いませんでした。このような紛争解決手続きを一切無視して、経済制裁という既成事実を作ってしまったアメリカの意図には、大きな疑問が残るのです。

さらに、特にウクライナ東部で分離独立を標榜するいわゆる親ロシア勢力とウクライナ政府との間で武力衝突が始まりました。この内戦にはウクライナ政府を支援する欧米系の民間軍事会社アカデミの傭兵《ようへい》が参画し、また親露派を応援するロシアからも義勇兵などが介入するなど、さながら米露の代理戦争の様相を呈するまでになりました。東部での停戦を実現するため、幾度となくウクライナ政府と親露派勢力との間で停戦交渉が行われましたが、停戦に合意してもその都度破られるという状態が続いていたのです。

こうした中、2014年7月にはマレーシア航空機がウクライナ東部上空で撃墜されるという痛ましい事件が起こりました。ウクライナ政府と親露派勢力との間で犯行を巡って非難合戦が行われましたが、乗客の犠牲者が最も多かったオランダ政府当局が2015年10月に出した事故調査最終報告書においても、結局真犯人は明らかになりませんでした。真犯人を特定できなかったこと自体、犯行は親露派でなかったことを暗示しています。なぜなら、もしウクライナ政府が主張していたように親露派がロシア製ミサイルで撃墜したというのなら、ボイスレコーダーをイギリスが保管していることにも鑑み、親露派の犯行である証拠が容易に見つかったはずです。しかし、親露派の仕業と断定できなかったことは、親露派の犯行を示す証拠がなかったということであり、そのことはつまり真犯人はウクライナ側であることを事実上認めたことになるからです。

一進一退を続けていた東部ウクライナにおける戦闘は、2015年に入って一気に解決へ向かって動き始めました。2月12日、ベラルーシの首都ミンスクに集まったウクライナのポロシェンコ大統領（当時）とプーチン大統領との間で東部での停戦合意が成立したのです。仲介したのはメルケル・ドイツ首相（当時）とオランド・フランス大統領（当時）でした。この停戦合意は大変象徴的な意味を持つ事件でした。停戦そのものは歓迎すべきことですが、何よりもメルケル首相とオランド大統領に代表されるEUがロシアとの和解に向け舵《かじ》を切ったということです。

　メルケルとオランドのメッセージは明確でした。アメリカに対し、対露制裁はもうやめたいという意思を示したのです。対露制裁に報復するロシアの貿易制限措置の結果、ＥＵ経済は深刻な影響を受けていました。ウクライナはさらに深刻な状態にありました。ロシアとの貿易が三割を占めていた以上、ウクライナはロシアとの経済関係を無視しては経済運営ができないのです。現に、ウクライナ経済はＧＤＰのマイナス成長、通貨フリブニャ安、物価の高騰など破綻状態にありました。

　この停戦合意は、ウクライナとＥＵがロシアとの関係正常化に向けて動き出したことを宣言した象徴的出来事でした。それだけに、以下に述べるように、ウクライナ危機を演出した勢力から強烈な反発を引き起こす結果となったのです。

ネムツォフ元露第一副首相暗殺

　2月27日の深夜、モスクワのクレムリンの近くでネムツォフ・ロシア元副首相が何者かに暗殺されました。欧米のメディアなどは一斉にプーチン黒幕説を流しました。ネムツォフ元副首相は活発にプーチン批判を繰り広げていた人物だったからです。プーチン大統領が「政敵である反プーチン政治家を暗殺した」というのは、恰好《かっこう》の新聞見出しになるわけです。

しかし、この説には少し考えると疑問が湧いてきます。一体ネムツォフ元副首相とはいかなる人物だったのでしょうか。エリツィン大統領（当時）の下で副首相を務めたネムツォフは、混乱期のロシア経済の舵取りを任され、いわゆる市場化改革の先頭に立った人物でした。エリツィン大統領の市場化政策は大失敗に終わり、国民経済の破綻を齎《もたら》す一方、オリガルヒと呼ばれる一握りの新興財閥を生む結果となりました。ロシア国民が塗炭の苦しみにあえいでいるのを尻目に、国営企業を破格の安値で払い下げられたこれらオリガルヒは、ロシアの富を独占する地位に就いていたのです。エリツィン大統領の跡を継いで大統領に就いたプーチンはこれらのオリガルヒの専横を抑制して、財閥企業に対する政府の権限を強化することによってロシア経済の立て直しに成功しました。

このような経緯もあって、ネムツォフ元副首相の支持率はわずか1パーセントと、いわば泡沫政治家といっていいほどでした。80％の支持率を誇ったプーチン大統領にとって、ネムツォフ元副首相は無視しうる存在だったのです。従って、プーチン大統領があえてネムツォフを暗殺する動機は何もないことになります。こう考えますと、ネムツォフ暗殺は反プーチン勢力がプーチン大統領の権威を失墜するために仕組んだ罠《わな》であると結論づけることができるのです。ほどなくしてプーチン黒幕説はメディア報道から消えてしまいました。

プーチン大統領公の場から姿を消す

私は、この暗殺事件にはもう一つ別の目的があったと見ています。それは、プーチン大統領自身に対する暗殺の予告です。プーチン大統領の執務室のあるクレムリンの周辺でこの暗殺が行われたことから類推しますと、プーチンに対する暗殺予告説が信憑性《しんぴょうせい》を帯びてきます。プーチン大統領の政策、とりわけウクライナ危機への対処ぶりを巡って警告を発したと見られるのです。この警告をプーチン大統領は深刻に受け取った節が見られます。その後10日間にわたりプーチン大統領は公の場に現れることがありませんでした。外国要人との会談予定をも急遽《きゅうきょ》キャンセルしました。メディアではプーチン異変説まで流されました。

3月15日になって、それまでの沈黙を破ってプーチン大統領は公の場に姿を現しました。ロシアのTV番組に出演したのです。この場におけるプーチン大統領の発言を分析して、私は雲隠れしていた理由が読み取れました。プーチン大統領は国際的な反プーチン勢力に対する反撃策を練っていたのです。この間にあらゆる事態を想定して様々なシナリオの実効性を検討したものと見られます。

中でも世界が震撼《しんかん》したのは、プーチン大統領が核兵器を臨戦態勢に置くことが必要かどうかの検討を命じたと発言したことです。世界のメディアはこぞって「核兵器をもてあそぶプーチン大統領の危険な火遊び」といったトーンでプーチン非難の合唱を繰り広げました。核兵器に神経質なわが国の世論も、大きく動揺しました。わが国のメディアは反プーチンの姿勢を一層強めました。広島と長崎の市長はプーチン発言を非難する書簡を送りました。

しかし、これらの感情的とも思える反応は、プーチン大統領がなぜこのような発言をしなければならなかったのかの背景を全く無視するものでした。プーチン大統領はウクライナ問題を陰で操った国際的反プーチン勢力、すなわちネオコンに代表される国際金融勢力に対し、これ以上追い詰めるならば核戦争も辞さない覚悟があることを示唆したのです。世界の世論が衝撃を受けることを承知のうえで、あえて核発言を行ったプーチン大統領は、それほどまでに追い詰められていたのです。東部ウクライナでの停戦合意が成立した直後のネムツォフ暗殺であったことを想起してください。先にこの暗殺事件はウクライナ東部停戦に反対する勢力がプーチンに強力な警告を発することが狙いであったといいましたが、プーチン大統領の彼らに対する答えが核発言であったのです。このように、プーチン大統領はウクライナ問題を平和裏に解決する固い決意を示し、停戦合意に反対する勢力に対して強硬なメッセージを送ったのです。

この番組でプーチンはクリミア編入について、周到に準備していたことも明らかにしました。これまでの公式のスタンスであったクリミア住民の意思を尊重したとの受身的態度を変更して、ロシアの積極的行為であったことを明らかにしたのです。これもクリミアをウクライナに返還することはないという硬い姿勢を確認したものと受け止められます。

以上要するに、プーチン大統領はウクライナ問題ではこれ以上引き下がる意図はないことを鮮明にしたのが、一連のTV番組発言であったと解釈されるのです。

この強硬な態度に国際的反プーチン勢力は戦略の立て直しを迫られることになりますが、それはさておき、ウクライナの停戦合意を巡る動きをもう少し見てゆきます。

コロモイスキー・ドニプロペトロフスク州知事解任

私がポロシェンコ大統領はロシアとの関係修復に真剣であると判断した理由の一つが、コロモイスキー・ドニプロペトロフスク州知事（当時）の解任です。ウクライナ東部における戦闘の黒幕の一人コロモイスキー知事は、２０１５年３月25日にポロシェンコ大統領によって解任されました。実は東部ウクライナで停戦が実現しなかった最大の原因はコロモイスキー知事の存在でした。この知事は自らの武装集団（アゾフ）を擁し、東部ウクライナでロシア系住民の迫害を行っていた張本人なのです。コロモイスキー武装勢力はウクライナ側の傭兵部隊の主要な一角を占めていたのです。彼はウクライナ第3の大富豪であり、またウクライナ、イスラエル、キプロスの三重国籍者でもありました。

このような大富豪のマフィアともいえる正体不明な人物が重要な州のトップに

いること自体、ウクライナ政治の不透明さを表して余りあります。コロモイスキー知事は石油・ガス利権と結びついていたといわれています。3月に首都キエフにあるガス会社のオフィスが武装集団に襲撃される事件が起こりましたが、黒幕はコロモイスキー知事でした。ポロシェンコ大統領にとって東部での停戦を実施するためには、どうしてもコロモイスキーを解任しなければならなかったのです。

私たちはメディアによって、ウクライナの反政府デモは民主化運動であると信じ込まされてきました。だから、民主派である新政権に抵抗している親露派勢力を支援するプーチン大統領は悪者と単純に思い込んでいたわけです。しかし、デモ勢力の実態は決して民主化勢力などではなく、むしろ反民主的武装勢力に主導された武力闘争的な色彩の濃い政府転覆運動であったのです。

この事実は既に拙著『世界を操る支配者の正体』（前出）などで何度も明らかにしてきましたので読者の皆様もご存じのことと思いますが、念のために繰り返しますと、反ヤヌコビッチ大統領デモ隊を攪乱《かくらん》したのは右派セクターと呼ばれる武装極右勢力であるネオナチ集団でした。

実は、デモ隊側とヤヌコビッチ政権との間で、大統領選挙を前倒しして行うことで一旦合意が成立し、反政府デモは収束する手筈になっていたのです。しかし、この合意をネオナチグループが覆して流血の事態へと泥沼化することになりました。しかも、デモ隊に発砲したのはヤヌコビッチ政権の治安部隊ではなく、ネオナチ武装勢力が政権の仕業に見せかけるためにデモ隊を狙撃したことが明らかになっています。いわゆる偽旗《にせはた》作戦です。私たちは世界のメディアによって、あたかもヤヌコビッチ政権がデモ隊を武力で弾圧したかのように洗脳されたのです。

この間、アメリカ国務省のビクトリア・ヌーランド国務次官補（当時）がデモ隊にクッキーを配って歩いている光景がＴＶニュースで放映される始末でした。また、彼女がパイエト駐ウクライナ・アメリカ大使（当時）と電話で「ヤヌコビッチの次の政権はヤツェニュークにしよう」と話し合ったことが、ユーチューブですっぱ抜かれました。国務省報道官もこの電話会談を認める発言をしています。

実際、ヤヌコビッチ大統領追放後の暫定政権の首相にヤツェニュークが就任しています。もうおわかりのように、ウクライナの反政府デモはアメリカが関わっていたのです。関わっていたどころか、アメリカ、正確に言えばアメリカのネオコン勢力が演出したといってもよいでしょう。ちなみに、ビクトリア・ヌーランド国務次官補はネオコンのメンバーで、夫はネオコンの理論家ロバート・ケーガン氏です。また、彼女はネオコンのチェイニー元副大統領の補佐官を務めた人物です。しかしなぜか、私たちはメディアを通じてウクライナの親欧米民主化勢力がヤヌコビッチ大統領の親ロシア政策に反発したデモと教えられています。このように、現実と私たちが誘導されて信じている認識との間には、大きな乖離《かいり》が存在しているのです。つまり、真実は私たちの目から隠されているのです。

ジョージ・ソロスの対ロシア戦争待望発言

以上見てきましたように、最大の当事者であるポロシェンコ大統領とプーチン大統領がウクライナ危機の解決に合意したにもかかわらず、この合意を快く思わない人たちがいたのです。言うまでもなく、陰でウクライナ危機を演出したネオコンを中心とする国際反プーチン勢力でした。その筆頭の一人がアメリカの最大の国際投資家の一人として有名なジョージ・ソロス氏です。

彼はソ連の崩壊以来、旧ソ連諸国や東欧の旧衛星国の市場経済化に多大の関心を持っていました。自ら「オープン・ソサエティ」財団を作り、これら諸国の市場経済化のための人材の育成を支援してきました。この財団は文字通り「かつて外部世界に閉じられていた市場を欧米の投資家のために開放させる」ことを目的としたものです。場合によっては「力ずくでも市場経済化を図る」との意図が窺《うかが》われます。

当初はうまく行きました。エリツィン大統領の時代にアメリカの経済学者ジェフリー・サックス教授の主導の下で急激な市場経済化が断行された結果、雨後の筍《たけのこ》のように新興財閥が生まれました。これらの財閥は、アメリカなどの外資と組んでロシア経済を牛耳るようになりました。このように、一旦欧米の投資家に開放されたロシアという巨大市場は、愛国主義者プーチン大統領の下でロシア人優遇策が取られた結果、外資には窮屈な市場に転換してしまったのです。それまで虎視眈々《たんたん》とロシア市場を狙ってきたソロスたち投資家にとって、プーチン大統領が忌々《いまいま》しい存在に映ったとしても不思議ではありません。

間もなく、彼ら国際投資家を震撼させる事件が起こりました。プーチン大統領は2003年秋にホドルコフスキー・ユコス石油会社社長を脱税などの容疑で逮捕投獄してシベリアの監獄に送り、ユコスを解体してしまいました。

実は、それまでにプーチン大統領の新興財閥締め付けが進行しており、ベレゾフスキーやグシンスキーなどエリツィンを支えてきた政商がプーチンの怒りに触れて次々と失脚していったのです。彼らが政治に口を出し続けたからです。最後に残った大物政商がホドルコフスキーだったのです。彼は、正面からプーチン大統領に挑戦しました。２００４年の大統領選挙への出馬を表明し、ロシアの市場経済化を推進する「オープン・ロシア財団」をイギリスのジェイコブ・ロスチャイルドと組んで立ち上げました。加えてあのキッシンジャーを財団理事に迎えました。プーチン大統領に対するあからさまな当てつけと受け取られても仕方がない行動でした。

プーチンの怒りを決定的にしたのは、ホドルコフスキーがユコスの株40パーセントを石油メジャーのエクソン・モービルとシェブロン・テキサコに売却しようとしたことです。ロシアの石油産業がアメリカ資本にコントロールされることを恐れたプーチン大統領は、ここにホドルコフスキー逮捕を決断したわけです。

この逮捕事件を機に、アメリカのグローバル資本はプーチンに警告する具体的行動に打って出ることになりました。この２００３年を以て、アメリカとロシアの新しい冷戦が始まったといえるのです。後に述べるように、この年の末のグルジアを皮切りに、ウクライナ、キルギスなど旧ソ連諸国で相次いで親欧米政権が樹立される政変が起こりました。この東欧カラー革命と称される一連の親欧米政権樹立運動が一段落した後、２０１０年から突然チュニジア、エジプト、リビア等アラブ諸国で政権転覆運動が勃発しました。世にいう「アラブの春」現象で、チュニジアのジャスミン革命が始まりでした。「アラブの春」のターゲットであったシリアは、いま現在も血で血を洗う内戦の最中にあります。

２０１３年晩秋から再びウクライナ危機が起こったのは、実はシリアでのネオコンの作戦が挫折したことによるものです。この年の夏は政治的に大変熱い夏でした。当時のオバマ大統領はシリアのアサド政権が反政府勢力に対して化学兵器を使用したとしてアサド政権に対し空爆をすると警告しました。しかし、こぶしを振り上げたものの、イギリス議会が空爆に反対した結果オバマ大統領は空爆宣言を撤回せざるを得ませんでした。この時を期して、世界の指導者としてのオバマ大統領の権威が惨めにも失墜したのです。

オバマに代わって中東政治の調停者に就いたのがプーチン大統領でした。プーチン大統領はシリアの化学兵器についての国際管理を提唱し、シリア危機を救済したのです。このことは、シリアにおける「アラブの春」の失敗を意味します。そこで、ネオコン勢力が次のターゲットに選んだのがウクライナであったのです。このように、シリア内戦もウクライナ危機も新たな米露冷戦の一環といえるのです。シリアとウクライナの動きは水面下で繫がっているのです。

ジョージ・ソロス氏の話に戻しますと、彼はウクライナ危機が発生して間もなく、ＥＵがウクライナに十分な支援をしてこなかったことを批判していました。彼のこの指摘は、ウクライナ駐在日本大使として２００５年から08年までの三年間現地でウクライナを観察してきた私の認識と一致します。私が赴任する一年前にウクライナで先に述べたオレンジ革命が勃発しました。

オレンジ革命とは、時の大統領選挙において親欧米派のユーシチェンコ候補を応援した勢力のシンボルカラーがオレンジ色であったことに由来します。この時の大統領選挙では親露派と言われたヤヌコビッチ候補が勝ちましたが、選挙に不正があったとして欧米の支援を受けた大規模な抗議デモが吹き荒れた結果、大統領選挙がやり直しされ、最終的にユーシチェンコ候補が当選したのです。２００

3年末に起こったグルジアでのバラ革命（シェワルナゼ大領領に代わりニューヨークの法律事務所出身のサーカシビリが大統領に就任した）に次ぐ二番目の東欧「民主化運動」による政変でした。

このように、欧米の支援によって誕生したユーシチェンコ政権でしたが、欧米諸国は新政権に積極的な援助を行いませんでした。現地で観察した限りでは、それどころか、EUはウクライナのEU加盟の要望には冷たい態度を取り続けたのです。確かに、ウクライナの経済社会状況はEUのスタンダードを満たしていなかったのですが、EU基準を達成できるようにウクライナの諸改革に協力しようという意欲も熱意もEU諸国には余り感じられませんでした。それどころか、ドイツなどはウクライナのEU加盟やNATO加盟へ向けた努力に水を差すような言動を繰り返していました。ウクライナ政府高官もこのようなEUの態度に内心落胆していましたし、国民の間にはEUはウクライナを差別しているとの屈折した感情すら存在していたのです。

ソロスの「オープン・ソサエティ」財団はウクライナの市場経済化を担う人材の育成に力を入れ、有能な人物を政権中枢に送り込むまでになっていました。わが国でも金髪三つ編みの女性政治家として知られたティモシェンコ内閣ができた際は、彼女の右腕と言われたネミリア副首相（当時）がソロス財団の門下生でした。

そのソロス氏は、2015年4月1日のNYタイムスに寄稿して、2月の東部ウクライナ停戦合意を手厳しく非難したのです。とりわけ注目されるのは、この停戦合意によってウクライナ民主化運動は失敗した、停戦合意は破棄されるべきだと論じたことです。本来ならウクライナの安定は歓迎すべきことであるはずなのですが、なぜソロス氏は停戦合意によって民主化運動は失敗したと断定したのでしょうか。

ここに、今回のウクライナ危機の真相が隠されているのです。ソロス氏などウクライナ危機を演出した勢力にとっては、ウクライナが安定することが目的ではなかったのです。彼らの隠された狙いは、ウクライナ危機を利用してグローバル市場化に抵抗しているプーチン大統領を失脚させることであったのです。従って、ソロスたちの勢力にとっては、ウクライナがプーチン大統領と妥協することはあってはならないことなのです。要するに、ウクライナはプーチンが失脚するまで混乱していなければならないとする、ウクライナの国益と尊厳を無視した横柄な態度と言わざるを得ません。現に、ソロス氏はこの寄稿文の中で、EUはウクライナに対しロシアと戦えるように軍事援助を強化すべきであると結論づけています。

ウクライナ問題ではプーチンが勝利した

このソロス氏の寄稿文は、負け犬の遠吠えのように聞こえてなりません。停戦合意とプーチン大統領の核兵器臨戦態勢準備発言によって、ウクライナ危機はひとまずプーチン大統領の勝利で終わったといえます。プーチンが勝利したということは、実はウクライナも破滅から救われたということです。なぜなら、国際反プーチン勢力の目的はプーチンをウクライナに軍事介入させることで、一気にプーチン失脚へもってゆこうと策謀していたからです。プーチンと並んでポロシェンコ大統領も勝利者と言えるでしょう。

輸出入貿易の三割を対ロシアが占め、とりわけ天然ガスなどエネルギー供給をロシアにほぼ全面的に依存していたウクライナにとっては、ロシアとの関係を断絶するが如き反露政策が自殺行為であることは、はじめからわかりきったことでした。従って、ロシアとの関係修復に舵を切ったポロシェンコ大統領の決断によって、ウクライナ国民は国の崩壊から救われたのです。ポロシェンコ大統領は最後の最後の段階で、自分を大統領に推した勢力（ネオコン）の利益よりもウクライナ国民の利益を優先する選択をしたと、私は評価します。

ポロシェンコ大統領はグローバル市場というイデオロギーよりもウクライナ国民を守るというナショナルな価値を重視したわけです。ポロシェンコ大統領に次ぐ政界の実力者であり、親欧米派の代表であったヤツェニューク首相（当時）が２０１６年４月に辞任しましたが、これによってウクライナ情勢は改善の方向が見えてきたといえましょう。

ポロシェンコ大統領とヤツェニューク首相は政治的にライバル関係にありましたが、ポロシェンコ大統領はアメリカとの関係を若干犠牲にしてでもウクライナ国民の利益を優先したということができるでしょう。言い換えれば、ポロシェンコ大統領は、ウクライナがプーチンを倒すという国際反プーチン勢力に利用されたことに気づいたのです。私たちはメディアの報道に惑わされて、プーチン悪者説に凝り固まっていますが、このソロス氏のＮＹタイムスでの発言の意味を十分噛《か》みしめて、ウクライナ危機の真相を見抜かなくてはなりません。私たち一人一人がメディアの洗脳を見破ることこそ、結局わが国の安全保障を強化することに繋がってゆくからです。

今回のウクライナ危機だけではありません。東欧カラー革命が吹き荒れた諸国も、アラブの春のスローガンに扇動された諸国も、国際反プーチン勢力の世界戦略の駒として使い捨てられたのです。そして、２０１５年後半は世界世論の関心はウクライナからシリアやＩＳに移りました。先ほど、ウクライナではひとまずプーチン大統領が勝利したといいましたが、シリア内戦もイスラム国によるテロも、せんじ詰めればプーチン大統領を挑発して軍事衝突を起こさせるというネオコン勢力の世界戦略の一環です。つまり、ウクライナで失敗したので、今度は場所を変えてプーチンを追い詰めようとしているのです。

この中東情勢については、後の章で詳しく論じる予定ですが、以上に述べたウクライナを巡る動きが、この章の本題である日米関係の修復に影響を与えたのです。４月末の安倍総理訪米によってアメリカのわが国に対する態度が好転しましたが、このアメリカの方向転換を可能にした雰囲気作りは、日米から遠く離れたウクライナの処理を巡って行われていたというわけです。それではこれから、2015年の世界政治におけるもう一人の主役である安倍総理（当時）の動きを、順を追って見てゆくことにします。

日米首脳会談の意義

2015年4月の安倍総理の訪米に関しては、専《もっぱ》らアメリカ議会における演説がメディアの関心になりました。確かに、上下両院合同会合における演説は日米の和解を訴えた格調高いスピーチで、安倍総理の日米関係修復にかける熱い思いが籠《こも》ったメッセージをアメリカの議員に直接訴えた効果は実に大きかったと思います。スタンディング・オベーションが何回あったかなどもメディアは興味を持っていましたが、総理の演説はアメリカの議員向けのサービス精神が籠った側面もあって、友好スピーチ的な色彩を持ったものです。しかし、この演説そのものが総理訪米の評価を決定づけたものではないことに注意することが必要です。

私の関心は、戦後70年たってもわが国は政治的には依然として戦勝国史観におもねなければならないという現実です。安倍総理が戦勝国史観を信奉しておられないことは確かでしょう。しかし、アメリカ自身がいまだにあの日米戦争はアメリカの正義の戦いであったと言わざるを得ないことが、かえってアメリカの自信のなさを裏付けているという歴史の逆説を見抜くことが必要です。つまり、アメリカは軍事的には日本に勝利しましたが、精神的には勝てなかったということです。

精神的には勝てなかったという意味は、経済封鎖や蔣介石軍に対する軍事支援などによって日本を侵略したのはアメリカであり、アメリカに対日戦争の大義はなかったということです。また、アメリカが原爆投下や都市無差別空襲などによって無辜《むこ》の民を虐殺するという国際法に違反した戦争犯罪を行ったことは、アメリカ人の良心をいまだに苛《さいな》んでいるのです。アメリカのフーバー元大統領は回想録『Freedom betrayed』において、「原爆投下はアメリカの歴史上前代未聞の残虐行為であった。アメリカの良心は永遠に苛まれるだろう」と胸の内を吐露しています。

終戦後GHQ最高司令官として文字通り日本に君臨したダグラス・マッカーサ

ーも、アメリカは精神的には日本に敗北したことを認めざるを得なかったのです。マッカーサーの回想記を読みますと、何度も日本は軍事的のみならず精神的にも敗北したと強調しています。実は、わざわざわが国の精神的敗北を強調しなければならない事実こそ、アメリカが精神的にはわが国に勝てなかったこと、いや精神的に明らかに敗北したことを暗示しているといえるのです。

このようなアメリカの複雑な心理が戦後70年たってもいまだに癒やされていないのです。だからこそ、アメリカは事あるごとに、先の日米戦争で自分たちがいかに正しかったのかを自らに言い聞かせるとともに、敗戦国であるわが国にもアメリカの正義をその都度認めさせなければならないわけなのです。この事実は、翻《ひるがえ》ってアメリカ人の心理の不安定さが今なお続いていることを示すものですが、この事実を考えれば戦争とはいったい何であるのかという課題を、改めて私たちに突き付けているとも思えるのです。

日米戦争を正当化するために、日本の敗戦後70年たっても依然として正義を主張し続けなければならないアメリカは、なぜ一方的に日本を侵略するという不正義な戦争をしなければならなかったのでしょうか。この問いかけこそ、アメリカ人に向けられるべきです。アメリカ人こそ先の日米戦争の真実は何であったのかの疑問に、虚心坦懐に向き合わねばならないと思います。そうなれば、アメリカ人の側から日米戦争の歴史を見直す動きが出て来るだろうと期待しています。

既にアメリカ歴史学会会長を務めたチャールズ・ビーアドは『ルーズベルトの責任』（藤原書店）のなかで、ルーズベルトが日本を追い詰めたから真珠湾攻撃が起こったと論じていますし、ジャーナリストのロバート・スティネットはルーズベルトがマッカラム覚書に従って意図的に日本に第一撃を撃たせる策略を働いたことを明らかにしています（『真珠湾の真実』文藝春秋。ただ、スティネットはルーズベルトの策略をアメリカの国益上必要だったと擁護していますが）。

いずれにしても、歴史修正主義とは、ルーズベルトの日米戦争指導、つまりアメリカの戦争目的を疑問視、ないし否定する歴史観を指します。アメリカの正統派歴史観は、あくまで日本を挑発したルーズベルトが正しかったと守ることに徹しています。従って、先の日米戦争に日本に大義があったことは、たとえ新たな歴史的資料が出てきても決して認めることをしないのです。「日本を取り戻す」ために靖國神社に参拝した安倍総理を、アメリカのメディアや学者などが歴史修正主義者と中傷して憚《はばか》らないのは、ひとえにアメリカの正義の戦争を擁護するためなのです。日米戦争に至るアメリカ政権の内実に関心のある方は、拙著『アメリカの社会主義者が日米戦争を仕組んだ』（ベストセラーズ）を参照してください。しかし、まだ疑問は残ります。戦後70年たってもなぜルーズベルトを擁護しなければならないのか。その理由を解明することが、今日の世界的紛争の真実に迫ることになるのです。この点については、第2部で詳しく論じる予定です。

アメリカはプーチン訪日を黙認した

本論に戻りますが、2015年4月28日に行われた安倍総理とオバマ大統領（当時）との首脳会談で何が話し合われたかが、当然のことながら安倍総理の訪米の成果を決めるカギになります。私が注目するのは二点です。第一はロシアとの関係であり、第二は中国との関係です。なぜ、この二点が重要であったかと言うと、以後のわが国の外交は、対ロシア関係と対中国関係を軸にして展開されることになったからです。

では、第一点の日露関係についてはどのように話し合われたのでしょうか。外務省のホーム・ページによれば、「安倍総理より、ウクライナ現地情勢を注視し、G7の連携を重視しつつ、問題の平和的・外交的解決に向け、ロシアへの働きかけを含め適切に対応する旨述べた。」とされています。ここで私が注目するのは、この安倍総理の発言に対してオバマ大統領がどう述べたかが記されていないことです。ということは、オバマ大統領は安倍総理のこの発言に何もコメントしなかったことを意味します。つまり、オバマ大統領はわが国がウクライナ問題の平和的解決に向けロシアへの働きかけを行うことを黙認したと受け取れるのです。ここに言うロシアへの働きかけには、当然プーチン大統領を日本に招待して話し合いを行うことも含まれます。つまり、アメリカはプーチン訪日を黙認したと私は解釈しています。

実は、アメリカにプーチン訪日を黙認させる環境は、先に述べた2月の東部ウクライナにおける停戦合意後の一連の動きによって整えられていたといえるのです。それまで、プーチン大統領を一方的に非難することに終始していたアメリカは、3月のTV番組におけるプーチン大統領の強硬な決意表明を受けて、これまでの強気一辺倒の態度を見直さざるを得なくなっていたのです。アメリカの対露政策を練り直すに際して、オバマ大統領は安倍総理のお手並み拝見という態度を暗黙の裡《うち》に示したと見られます。

しかしながら、後に詳しく検討しますが、オバマ大統領の日露関係に関する姿勢は揺れ動いていたのです。２０１６年の9月2日ウラジオストックでの首脳会談において、プーチン大統領が訪日し、12月15日に安倍総理の地元山口県長門市で首脳会談を行うことが合意されました。プーチン訪日問題については第3部で詳しく論じる予定ですが、プーチン訪日日程が２０１６年9月2日まで決まらなかった最大の理由は、わが国がロシアとの関係を強化することを快く思わないアメリカの煮え切らない態度にありました。オバマ大統領の背後にあって影響力を及ぼしているネオコン勢力が、あくまでプーチン大統領の立場を強化することになる訪日に反対してきたからです。

アメリカは中国の膨張を抑止することに決めた

次に対中関係について見てみます。同じく外務省のホーム・ページによりますと、中国を巡っては日米両国が連携して中国の暴走を牽制することに合意したとされています。つまり、日米両国は中国のいかなる一方的な現状変更の試みにも反対することを確認したことを意味します。中国が南シナ海で一方的に推し進めているサンゴ礁の埋め立て工事を容認しないという意味です。

中国はフィリピンやベトナムなどと領有権を争っているサンゴ環礁を埋め立て、そこに軍用滑走路を建設しているのです。このような身勝手な領土拡張政策は対外的な膨張政策であり、日米が協力して抑止するとの意図を明確にしたのです。

アメリカの対中政策については、アメリカは中国との経済関係を重視して基本的には融和的態度を維持してきました。しかし、２０１５年３月になって対中政策見直し論がアメリカの言論界に現れるようになりました。中でも、アメリカの外交政策に大きな影響を及ぼすシンクタンク、外交問題評議会（ＣＦＲ）の季刊誌『フォーリン・アフェアーズ』特集号において、中国に対する融和政策を変更して抑止政策を取るべきだとの論文が発表されました。

この背景には、中国の大胆な世界進出があったのです。中でも、基軸通貨としてのアメリカ・ドルの覇権に挑戦したこと（人民元での貿易決済の増大、ＢＲＩ

ＣＳ銀行やＡＩＩＢの設立など）や、アメリカの裏庭である中南米に中国が資源開発投資を拡大したり、ニカラグア運河建設構想などをぶち上げるなど、アメリカの覇権にあからさまに挑戦する姿勢を取り出したことが挙げられます。

それまで、アメリカは中国の改革開放を支援しながら、アメリカ企業の中国進出を促進し、中国国営企業を牛耳る共産党幹部とのビジネス関係を重視する政策を取ってきました。しかし、アメリカは中国での経済利益と中国のアメリカの覇権への挑戦の危険とを秤《はかり》にかけた結果、このたびアメリカは中国の膨張を抑止することを選択したのです。そのためには、日本の協力は欠かせないものです。わが国にとっても、中国の膨張政策は脅威になります。ここに、日米の利害が一致しました。後に述べるように、わが国における安保法制は中国の膨張に備える意味があったのです。

中国報道の洗脳

私たちが中国の実像を正確に理解することを妨げているのは、中国の利益を代弁しているメディアの洗脳に拠《よ》るところが大きいといえます。保守系のメディアでさえ、中国からの特派員の追放を恐れて論評に手心を加えていることは、記事を読めば容易にわかります。他のメディアは、中国の宣伝機関と言われてもおかしくないくらいに偏向報道が著しい状況です。これらのメディアの報道を通して、私たちはあたかも中国がアメリカと並ぶ世界の超大国にまで台頭してきたかの錯覚を植え付けられていました。

中国の経済大国化や軍事力強化などの報道は、中国の「脅威」を私たちに感じさせる役割を担ってきました。なぜ、実態以上に中国の力が誇張されたかといいますと、中国の脅威を感じさせることによって、日本国民の間に中国に従うことはやむを得ないとの諦めの雰囲気を醸成することが目的だったわけです。いわば、中国共産党政権が戦わずしてわが国を中国の軍門に降《くだ》らせるという「孫子の兵法」を実践するのを応援する役割を、わが国を含む世界のメディアが担っていたのです。

「中国市場は巨大だ」、「中国との貿易なしには日本はやってゆけない」、「バスに乗り遅れないように日本企業はもっと中国に進出するべきだ」等々、中国礼賛報道は目に余るほどでした。最近では、中国が主導したアジア・インフラ投資銀行

（ＡＩＩＢ）への参加問題に如実に見ることができます。イギリスやドイツなどヨーロッパの主要国も参加するＡＩＩＢに参加しないことは、アジアのインフラ開発に日本が後《おく》れを取ることになるので、参加するべきだ、バスに乗り遅れてはいけない等々、要するに、中国の得意とする宣伝謀略戦の一端をわが国のメディアが担っていたのです。

ちょっと立ち止まって考えればわかることです。かつて朝日新聞などの新聞各紙は在日朝鮮人の北朝鮮への帰還促進キャンペーンを大々的に実施しました。北朝鮮を地上の楽園と嘘《うそ》の報道で持ち上げたため、多くの在日朝鮮人が騙《だま》されて帰国しましたが、帰国後の彼らの悲惨な生活については報じられることはありませんでした。

これと基本的には同じ宣伝報道が、わが国のメディアで中国経済についても行われていたのです。低賃金労働力を求めて中国へ進出した日本企業の多くは、大企業であれ中小企業であれ、いまどのようにして中国から撤退するかで頭を悩ませています。中国の様々な規制のために、日本企業は赤字になっても簡単には中国から撤退できない仕組みになっているのです。

このような実態を知らずに、中国の魅力についての誇大報道を鵜呑みにして多くの日本企業が中国に進出してしまいました。中国にとってはともかく日本企業に来させることが目的でしたから、甘言を弄して誘致し、進出した最初は中国側の協力姿勢はよかったかもしれません。しかし、労働コストの上昇や労働側の過大要求、環境破壊の齎《もたら》す生産活動への悪影響、中国当局の様々な規制などによって、業績が悪化して今日に至っています。

このような日本企業の実態をメディアは報じないのです。私たちはメディアの中国報道を疑ってかかる必要があります。そうしないと、中国と関わった企業は経済的に大きな損失を蒙《こうむ》るだけでなく、今後の中国経済の混乱や人心の荒廃などによって、場合によっては駐在員や家族たちの生命の危険さえ伴うことになるからです。

蛇足ながら、中国経済の実態ですが、世界第二の経済大国とメディアで謳《うた》われているほど強力なものではありません。昨今の不動産バブルの崩壊、地方政府の負債地獄、株式市場の暴落、中国人観光客による日本製品の爆買い等々を見るだけでも、中国経済の脆弱性《ぜいじゃく》がわかります。中国当局が発表している6パーセント台の成長どころか、輸出入の停滞や物流、電力消費量などを個別にチェックすれば、実態はマイナス成長でしょう。

なぜ経済成長の数字がまやかしなのか、その答えは簡単です。その理由は、中国が共産党の独裁政権下にあることです。独裁政権の下では、およそ統計というものは信じることができません。それは当然のことで、客観的な評価が行われないシステムだからです。責任者のさじ加減で決まるのです。かつて、１９７０年代末から80年代初めにかけてソ連共産主義経済システムの下で生活した私の経験からしても、独裁国の統計は決して信用できません。そんなわかりきったことを、なぜわが国のメディアは正面から伝えないのでしょうか。私たちは根拠なき中国経済礼賛報道の洗脳から脱しなければなりません。それは私たちが中国の圧力を心理的に受け入れないためにも、必要なことなのです。

G7サミットにおける安倍総理の活躍

ロシアとの対話を重視することと中国の膨張を抑止するという安倍総理（当時）の基本戦略は、２０１５年６月にドイツで行われたＧ７に受け継がれました。

G7会合でリーダーシップを発揮したのは安倍総理でした。安倍総理の発言が出席者をリードしたのです。議長であるメルケル首相（当時）の采配ぶりは、安倍総理に最初に発言させせることによって、ロシアとの対話が必要との雰囲気を醸成することであったと推察されます。G7メンバーの内ロシアに最も強硬なのはアメリカ（当時、オバマ大統領）であり、次いでイギリス（当時、キャメロン首相）でしたので、まず安倍総理に発言を振ったことはよく練った上での議事運営であったと考えられます。

いずれにせよ、メルケル首相の目論見が功を奏し、ウクライナ問題を巡りロシアとの対話を継続することが合意文書に盛り込まれました。また、サミットの機会をとらえて行われた安倍総理と各国首脳との個別の会談においても、ドイツ、フランス、イタリアの各首脳とロシアとの対話の必要性について意見の一致を見たことも、安倍総理の対露外交への追い風となったといえます。

また、中国問題についても中国という名前は出されなかったものの、力による現状変更の試みに反対することが文書として残りました。日米首脳会談で合意した内容が、G7サミットで追認されたのです。この席では、中国が主導しイギリス、ドイツ、フランス、イタリアなどが参加を表明したアジア・インフラ投資銀行（ＡＩＩＢ）についても議論されました。詳細は明らかになっていませんが、安倍総理からＡＩＩＢの抱える問題点、特に意思決定の不透明さや中国経済の窮状などに関して説明されたと思います。イギリスなどＥＵ諸国はＡＩＩＢ加盟によって自らの利益を追求しようとしていたと思われますが、安倍総理が中国経済の実態について詳細に説明されたことによって、彼らの中国市場に対する幻想が正される結果となったのではと推測しています。

いずれにせよ、対ロシア政策と対中国政策についてＧ７諸国が概《おおむ》ね基本ラインを確認し合った意義は、この後の世界情勢の展開を占う上でも大きいものがあったと考えられます。

もちろん、世界の指導者の一人としての安倍総理の真骨頂が、わが国が議長国を務めた２０１６年の伊勢志摩サミットで示されたことは言うまでもありません。２０１６年５月26日と27日に開催された伊勢志摩サミットが成功を収めた最大の理由は、Ｇ７首脳の伊勢神宮内宮参拝にあります。伊勢神宮にはキリスト教、イスラム教、ユダヤ教、仏教など世界の宗教を超えた何か霊的なものが存在しています。かつて西行法師が詠んだとされるように、「何事の　おわしますをばしらねども　かたじけなさに　涙こぼるる」のです。伊勢神宮参拝を企画した安倍総理には、各国首脳に日本の伝統と共に物質主義を超えた何かを皮膚感覚として感じてもらいたいとの思いがあったと拝察します。

確かに各国首脳が内宮参拝後に記帳した文章を読みますと、安倍総理の狙いは達成されたと感じます。記帳文からは、「平和」、「調和」、「自然」、「共生」、「静謐《せいひつ》」、「安寧」、「癒やし」、「精神性」などのキーワードが窺えるからです。各国首脳は伊勢神宮参拝で感じ取ったそれぞれの思いを持ち帰ったはずです。この各国首脳の体験がたとえ目に見えない形ではあっても、その後の実際の活動に生かされることになると信じます。

今回の伊勢志摩サミットの議論を纏《まと》めれば、世界で進行している「市場」対「国家」の戦いに、国家がどう勝利するかであったと思います。世界経済、とりわけ新興国経済が減速している現状を踏まえ、Ｇ７が世界経済舵取りの責任を果たすことを明確に宣言しました。Ｇ７が協調して「三本の矢」である財政政策、金融政策、構造政策を進めて、世界経済の安定的発展のために努力することで意見の一致を見たわけです。これは経済運営における国家（政府）の役割の意義を再確認したものと評価されます。

同時に、新興国も含めたG20ではなく、主要先進国のG7が国際的経済秩序を主導する特別な責任を有することを宣言したことは、9月初旬に中国杭州で行われたG20首脳会議の議論を先取りし、G7がG20よりも世界経済の運命にとって重要であることを世界に鮮明にしたといえます。現に、杭州G20は精彩を欠きました。世界の経済戦略地図は大きく転換したのです。

さらに、サミット終了後オバマ大統領が広島を訪問しましたが、この訪問もサミットの一環と見なすことができます。オバマ大統領から原爆投下について直接謝罪の言葉はありませんでしたが、広島を訪問したこと自体が事実上の謝罪であったと確信しています。オバマ大統領が原爆慰霊碑へ献花した厳粛な姿は、原爆投下から71年の歳月のわだかまりが溶解し始めたことを感じました。その意味でも、伊勢志摩サミットの意義は歴史に残ることとなるでしょう。

ここでは、伊勢志摩サミットが大成功を収めることができた伏線が、このドイツでのサミットにおける安倍総理の発言にあったと言えることを指摘しておきます。サミットの議論を終始リードした安倍総理の役割は、一言で要約すれば世界情勢を巡って微妙な見解の相違があるアメリカとEUとの間をうまく取り持ったことにあります。つまり、ウクライナ問題や中国問題を巡ってアメリカとEUが対立するような事態を避けるために、安倍総理の発言がいわば潤滑油的役割を果たしたと総括できるのです。安倍総理がこのような重要な役割を果たすことを可能にした原因がエルマウ・サミット直前の訪米であったことは、改めていうまでもありません。

２０１５年の国際情勢は、９月に入って新たな展開を見せることになりました。IS問題がまたしても脚光を浴びるようになったのです。２０１５年前半は既に見てきましたように、ウクライナ危機の新たな進展が国際情勢に影響を及ぼしましたが、後半の世界は、トルコの動向やEUへのシリア難民問題を含めIS問題を中心に展開したといえます。ここで、IS問題を中心とする中東情勢やEUへのシリア難民問題に触れる前に、政治的に暑い夏となった国会における平和安全法制審議について検証しておきたいと思います。なぜなら、この平和安全法制は世界情勢が緊迫の度を加える環境の中で、わが国の安全を守ると同時に、世界の安定のためにわが国がいかなる協力ができるかを問う法律であったのですから。

平和安全法制論議に見るわが国の安保認識の脆弱性

日米首脳会談を受け、5月にはわが国がアメリカとの安全保障協力に一層実効性を持たせるための安保関連法の改正法案が国会に提出されましたが、この平和安全法制の国会審議における野党の対応や、国会外での反日メディアや知識人たちの反対運動は、まさしく結果的には中国の意向を体して行動していたことを如実に示すことになりました。

平和安全法制審議は、衆参合わせて二百時間を超える審議が行われました。国会会期を大幅に延長して9月19日になってやっと成立しましたが、この間のわが国内におけるこの法案を巡る審議を聞いて、まるでわが国が世界の厳しい実態からかけ離れた自己中心の幻想の世界に住んでいるかのような幼稚な議論に終始していたことが懸念されました。

法案に反対した野党とメディアを始め様々な層の議論を一言で言えば、この法案によってわが国は戦争に巻き込まれるということでした。なぜ巻き込まれるのかという議論はなく、結論が先にあったのです。これでは、国家と国民の安全をどう守るかという観点から議論ができるはずがありません。ということは、野党のこういった態度こそ、憲法違反であるといえるのです。彼らはこの法案を憲法違反と断じました。しかし、憲法は国民の生活を守ることが国会議員の責務であると強調しています（憲法前文から99条の最高法規条項までの規定は、全体として憲法が保障する国民の生活を守るのは、国民の代表たる国会議員であることを明確にしています）。つまり、この法案に反対した野党議員は国民の代表としての最低限の責務すら果たしていなかったことになります。

ところが、彼らの言う憲法違反とは、要するに第９条違反に尽きているのです。およそ憲法は、日本国家と国民の生命財産を守るために存在していることはいうまでもありません。国会議員の最大の義務は日本国家の安全と国民の生命財産を守ることです。逆に、立派な（と彼らが主張する）憲法を守るためには、国家を守らなければならないのです。このような基本的な事実を、どういう訳か憲法学者と称する人は教えてくれません。憲法の条文をもてあそんでいる憲法学者が多いといっても決して的外れではないでしょう。いうまでもなく、憲法とは國体、つまり国のあり方の原理をその時代の言葉で表現したものです。従って、憲法の個々の条文はわが國体に依拠していなければなりません。

国民の素朴な感情は、國体を無視している憲法学者よりも、憲法の意味を正しくとらえています。國体から見て疑問である条項は、政府が守っていなくても差し支えないと国民は考えているといえます。例えば、憲法第89条です。公の財産の支出を禁じたこの条項は「公金その他の公の財産は、宗教上の組織若しくは団体の使用、便益若しくは維持のため、又は公の支配に属しない慈善、教育若しくは博愛の事業に対し、これを支出し、又はその利用に供してはならない」と規定しています。つまり、公の支配に属していない団体である私立大学などに対する国の補助金を禁じているのです。

しかし、現実には毎年国の予算から私立大学に対する補助金が拠出されています。私立大学に籍を置いている憲法学者も、この憲法違反の補助金のお陰で、給与をもらっているのです。おかしいではありませんか。立憲主義を主張するなら、彼ら憲法学者こそ先頭に立って補助金が憲法89条違反であることを訴えるべきでしょう。このたびの違憲議論の多くは私立大学の憲法学者でした。彼らに89条は憲法違反ではないのか、是非問うてみたいものです。自衛隊は憲法9条違反だが私立大学への補助金は89条違反ではない理由を何と答えるでしょうか。残念ながらこれらの憲法学者からは答えは出てきません。なぜなら、彼らの憲法論議は9条だけだからです。イデオロギー上の観点から憲法を論じているに過ぎないからです。

ところで、この矛盾を解決する方法を知っているのは、憲法学者ではなく国民の知恵なのです。国民は、89条が公の支配に属しない教育事業を公金で補助することを認めないのは國体の精神に違反するので、私立学校への補助金は許されると答えることでしょう。同様に、自衛力を持つことは國体の利益に合致するので、自衛隊は憲法違反ではないと国民は判断しているのです。国民の常識がわが国を守っているわけです。

もう一点指摘しておきます。法の番人であると私たちが学校で習った検察当局自体が憲法違反を実践したことがあるのです。田中角栄元首相を裁いたロッキード裁判において、対日工作を担当したロッキード社のコーチャン副社長のアメリカにおける証言（東京地方裁判所の依頼でアメリカ側がコーチャンに尋問しました）に対して、わが検察当局は免責の保証を与えたのです。

これは憲法違反です。わが国の司法では免責証言は認められていないからです。証言の内容についてコーチャンの刑事責任を問わないということは、コーチャン証言に対して弁護側の反対尋問を認めないということを意味します。事実、東京地方裁判所も東京高等裁判所も免責保証に守られて、コーチャン証言に対する反対尋問の機会を田中被告側に与えなかったのです。これは、何人に対しても反対尋問の機会を保障した憲法第37条に明確に違反するものです。わが国では、各裁判所自ら特定の政治目的のために憲法を侵してしまったのです。９条シンパの憲法学者は事実上誰もこの憲法違反を咎《とが》めませんでした。その理由は、彼らも田中元首相をどうしても刑事犯罪者に仕立て上げたかったからです。

もうおわかりのように、９条墨守憲法学者は学問的良心に従って９条を擁護しているのではなく、自らの党派性のために９条を支持しているに過ぎないわけです。いま、田中角栄ブームが起こっています。国民の多くはこれら憲法学者や裁判所が犯した罪に気づき始めたのです。

つまり、文字化された憲法の条文よりも國体が上位にあるのです。多くの国民は皮膚感覚でそのように観念しています。国民は目に見えない國体を感じているのです。そんなわけで、平和安全法制を巡り憲法違反を唱えた憲法学者やメディア人や知識人と称する人たちは、そもそも國体を知らない人たちであるといえます。國体が憲法の条文よりも上位にあるという非常に重要な事実が知識人の中で共有されていないことが、わが国における安全保障議論を不毛にしてしまっているのです。

わが国の国防原理は「専守防衛」である

わが國体の安全保障原理は「専守防衛」です。専守防衛とは憲法9条の第一項で規定されているように、「国権の発動たる戦争と、武力による威嚇又は武力の行使は、国際紛争を解決する手段としては、永久にこれを放棄する」ことと同じ意味です。この項目は先の敗戦に懲りたから生み出された内容ではありません。わが国の建国の昔から、わが国の国防原理は「専守防衛」なのです。

専守防衛の精神は『古事記』に遡ることができます。出雲国を治めていた大国主命《おおくにぬしのみこと》が高天原《たかまがはら》の天照大神《あまてらすおおみかみ》に出雲国を譲ったことが『古事記』に記されています。

実は、この国譲りこそわが国の国防思想の根幹に存在するものなのです。つまり武力によって他国を征服するのではなく、話し合いによって国を譲らせたのです。つまり、外交交渉によって高天原と出雲の紛争を解決したというわけです。しかも、譲らせた大国主命を出雲大社に祀《まつ》っているのです。敗者を完膚なきまでに叩きのめすのではなく、敗者を尊重し敬意を表しているわけです。武力というものは持ってはいるが最後の最後まで使わない、つまり憲法9条にあるように、いわゆる外交努力で国際紛争を解決する、というのがわが国の思想です。

また、『古事記』や『日本書紀』が伝えるところでは、天孫邇邇芸命《ににぎのみこと》が豊葦原《とよあしはらの》瑞穂国《みずほのくに》（日本）へ降臨される際、天照大神は瑞穂国を知らせと命じられました。「知らす」とは平定するだけでなく、纏めるという意味です。つまり、農業を振興して人々を富ませることにより国を纏めなさいという詔《みことのり》であったのです。武力では国を纏めることは出来ないのです。武力は国民が纏まった国を外敵の侵入から守護するために必要とされたものです。いわば平和な国を守るために武力

要だったのです。

ところで、9条論者の決定的間違いは、武力を持たなければ、

こないという勝手な幻想を抱いているだけ
戦わずして国を明け渡せば、日本人は損害を被ら
人間の素朴な感情に付け込む説得力を持つような議論です
主義は楽観的な期待とは逆に、悲惨な結果を招くことになるので

実は、９条論者の決定的誤りは、歴史を見れば一目瞭然なのですが、
条論者は歴史に学ぶことが嫌いなようです。もし、わが国が侵略してきた中国に無血開城したとして、中国に占領された後の日本に起こることは身の毛がよだつ恐ろしい事態なのです。日本の自衛隊員は人民解放軍に編入されて、中国にとって最も危険な最前線へ送られることになります。例えば、新疆《しんきょう》ウイグル自治区のテロ掃討作戦とか、チベット人弾圧に駆り出されることにもなるでしょう。それだけではなく、中国が周辺国に軍事侵攻するときに先陣を務めるのはわが自衛隊になることでしょう。自衛隊員だけではありません。日本人男子は人民解放軍の兵士に徴用されることになるのです。

このような状況は歴史を勉強していれば、直ちに想像できることです。先の大戦の際、フィリピンでは多くのフィリピン人兵士が日本軍の犠牲になりました。

なぜなら、当時フィリピンを植民地にしていたアメリカは、前線にフィリピン兵を立たせて日本軍と戦わせたのです。2016年1月末に天皇皇后両陛下はフィリピンを訪問され、これらのフィリピン人兵士を日本人とアメリカ人兵士と並んで慰霊されたことは、私たちの記憶に新しいところです。植民地兵士の悲劇は他の諸国でも起こりました。マレー半島ではイギリスが植民地のマレー人兵士を日本軍と戦わせました。オランダ領インドネシアでも前線で戦ったのはインドネシア兵でした。

私たちはもう目覚めるべきです。9条論者の中核をなしている連中は確信犯ですが、彼らの言動に引きずられている無邪気な平和主義者は目を覚ます必要があります。この度の平和安全法制を戦争法であると叫んで止まない彼らこそ、私たちを戦争へ駆り立てようとしている張本人です。彼らは決して平和勢力ではありません。平和、平和と唱える人たちこそ戦争勢力なのです。

平和は状態に過ぎない

私たちは「反戦」とか「平和勢力」といった言葉に洗脳されてはなりません。

すべての人は戦争に反対なのです。みんな平和を望んでいるのです。反戦や平和は一部の勢力だけの専売特許ではありません。当たり前のことですが、平和、平和と叫んでも決して平和な世界は到来しません。また、平和を構築するといった発想も、実は平和な世界を実現することにはならないのです。平和というのは、戦争に巻き込まれないように備えを固める努力を積み重ねた結果として齎《もたら》される状態に過ぎません。従って、平和は人類至高の価値などといった綺麗事ではありません。平和には明確な定義がありません。平和とは戦争が行われていないという状態を指すに過ぎないわけですから、形あるものとして構築しようとしてもできるものではないのです。平和とは、戦争を回避する努力の積み重ねの結果として齎される状態であるということを、ここで再確認しておきたいと思います。「平和都市宣言」という看板を掲げてみても、平和の女神は決して微笑んではくれないのです。平和をこのように軽々しく扱うことは、かえって平和を冒瀆《ぼうとく》することになりかねません。平和憲法という言い方も同じく平和への冒瀆です。繰り返しますが、平和は言葉や文字で実現するものでは決してありません。

その意味で、日教組が得意な平和教育も平和にとってはむしろ弊害です。学校教育の現場では戦争の悲惨さだけを教えるのではなく、歴史上戦争はどのようにして起こったのかを客観的に教えなければなりません。戦争が起こった原因を理解しなければ、戦争や平和について勉強したことにならないのです。日教組の平和教育は、戦争の惨禍だけを叩きこむことによって、生徒たちが戦争は嫌だという感情を持つように仕向けているイデオロギー教育に他なりません。繰り返しますが、戦争は忌むべきものですが、いくら戦争は嫌だと思っても戦争はなくなりません。このような教育を受けた生徒たちにとって実際的な弊害は、先ほど述べたように外国が攻めてきても抵抗しないという無気力な発想に繋がるからです。

誤解を恐れずに言えば、外国の侵略に対し抵抗しない日本人を養成するのが、日教組の平和教育といっても決して言い過ぎではないでしょう。もし、彼らが意図的に無抵抗教育を行っているとすれば、彼らは外国勢力のエージェントと見做されても仕方ないでしょう。その意味で、9条平和主義者も彼らを持て囃《はや》すメディアや知識人も結果的に外国のエージェントになっていないか、猛省を促したいと思います。繰り返しますが、9条主義者は外国に日本侵略を許す戦争主義者です。彼らは決して平和主義者ではありません。私たちは彼らの矛盾を厳しく追及する必要があります。

さらに、戦前各国の共産党が指導した人民戦線の歴史を見れば、平和主義者の欺瞞《ぎまん》がよくわかります。人民戦線路線とは当時少数派であった共産党が反政府運動の指導権を取るために反政府勢力の大同団結を訴えた戦術でした。共産党が入った人民戦線が一時期政権を奪取した国々では、反対派や市民に対する過酷な弾圧政策のため、かえって国民の反発を招き内戦を招来する結果となりました。例えばスペインでは、人民戦線政府とフランコ将軍率いる勢力の間で過酷な内戦が行われ、最終的にフランコ側が勝利しました。

２０１５年夏には平和安全法制反対野党勢力などによって学生たちがデモに駆り出されましたが、有為ある青年たちには戦争勢力に利用されていることに是非気づいてほしいものです。また、自らの政治目的を達成するためならば無辜の若者たちを利用しても恬《てん》として恥じない卑劣な野党にたいしては、彼らの戦術は既に国民に見破られていることを知らしめる必要があるでしょう。現に、２０１６年7月の参議院議員選挙において、18歳まで選挙権が引き下げられましたが、これらの新選挙民の多数は自民党に投票したのです。

ところが、先の参議院選挙や都知事選における野党の統一候補などの選挙協力の動きを見ていますと、わが国においてはいまだに20世紀の共産主義革命の失敗の歴史が総括されていないように思われてなりません。歴史認識問題とはせんじ詰めればロシア革命の真実が追及されていないことに尽きます。つまり、スターリンよりもヒトラーの方が人類にとって悪であったとする歴史解釈が、依然として主流なのです。この問題は、後に詳しく検討しますが、歴史修正主義と裏腹の関係にあります。わが国において反日的な歴史認識が一向に改まらない理由は、大学にマルクス主義者や変種マルクス主義たるフランクフルト学派を信奉する学者が依然として幅を利かせていることからも容易に窺うことができます。彼らによって立つ学説は誤っています。それゆえ、わが国の国防にとって有害なのです。

２０１５年のわが国の熱い夏は、９月19日の平和安全法制の成立を以てようやく終わりを迎えました。この成立を待っていたかのように、９月末になって世界情勢は大きく動くことになったのです。その皮切りはアメリカでありニューヨークにおける国連総会でした。

第2章 アメリカの世界戦略の転換

国連総会を舞台にした首脳外交の顚末

２０１５年後半の世界情勢は、アメリカの世界戦略の転換が大きく影を落とすことになりました。戦略変更を一言で言えば、アメリカはそれまでの二正面作戦、つまりロシアとの対決と中国の暴走阻止政策を変更し、世界の諸問題に関しロシアとは一定の対話を行うこととするが、中国に対しては、その膨張策を抑止する戦略を取ることになったことです。以下、このアメリカの戦略変更の具体例を順次見てゆきます。

アメリカの対中政策を象徴的に示したのは、９月の習近平主席のアメリカ訪問でした。アメリカの習近平に対する冷たい接遇ぶりほど、米中関係の現実を見せられたものはありません。結論から先に言えば、習近平の訪米の成果は全くありませんでした。成果がないどころか、アメリカ側の冷たい接遇ぶりが目立った訪問であったと総括できます。それほどアメリカの姿勢は徹底していました。アメリカは習近平の訪米日程をローマ法王の訪米時期とかち合わせたのです。通常、国家間のプロトコールの原則からすれば、国家元首の訪問の際に他の国家元首の訪問を受け入れるということはありえません。しかし、習近平の訪問時期にフランシスコ法王を受け入れたアメリカのメッセージは極めて明白でした。アメリカは習近平を重視していないことを世界に向けて発信したのです。米中Ｇ２などありえないという強烈なメッセージでした。

習近平はこの訪米の最後を国連総会出席で締めくくりましたが、国連における習近平のプレゼンスもアメリカのメディアからは無視されることとなりました。アメリカのメディアは国連総会における習近平の演説の写真を配信しましたが、出席者がまばらな会場に向かって演説する習近平の姿が世界に流れたのです。先に述べたように、3月を境にしてアメリカの中国に対する態度は転換したのです。その何よりの証拠が、習近平訪米に対するアメリカの冷遇だったのです。このような米中関係の冷却化に反比例して、9月を機に世界情勢の主役に躍り出たのがロシアのプーチン大統領でした。

ロシアがIS空爆に参加

国連総会の際に行われたプーチン大統領とオバマ大統領（当時）との米露首脳会談は実に一時間半に及びました。アメリカは公的にはロシアに経済制裁を科しているにもかかわらず、オバマ大統領はプーチン大統領と実質的な内容のある会談を行ったのです。このようなアメリカの態度にも、アメリカの自分勝手な姿勢を見ることができます。わが国がロシアと接近するのを牽制《けんせい》する一方、アメリカの都合でロシアと会談することに何の躊躇《ちゅうちょ》も感じていないからです。

この米露首脳会談のテーマはシリア情勢でした。アサド大統領の処遇が最大の焦点だったのです。結局アサド政権の処遇で合意は得られませんでしたが、重要な結果はロシアの「イスラム国」（ＩＳ）空爆をアメリカが容認したことです。

9月末からロシアはシリア内の軍事基地から徹底的にＩＳの拠点を空爆しました。また、カスピ海沿岸から発射された巡航ミサイルが正確に目標地点に着弾したことに、欧米当局は驚いたと言われています。もっとも、ロシアはこの機会に乗じて反アサド勢力の拠点を爆撃することも忘れませんでした。かくして、アサド政権は息を吹き返したのです。ロシアの戦略が決してアサド擁護一辺倒でなかったことは、２０１６年の2月に突如空爆停止を宣言してシリア和平交渉の道筋をつけたことからも窺えます。後に詳しく述べる予定ですが、プーチン大統領は欧米のメディアで酷評されているような悪者ではなく、極めて慎重に対処しているのです。この点にもメディアの洗脳を見て取れます。

アメリカは、少なくともオバマ大統領は、当面シリアにおけるＩＳ退治をロシアに任せたといえます。過言すれば、アメリカは２０１５年の9月以降当面ロシアとは限定的対話路線を取りつつ、中国に対しては膨張抑止策を継続する戦略に転換したのです。つまり、アメリカは3月以前まで取ってきたロシアと中国に同時に対抗する二正面作戦を変更して、中国の暴走を抑止することを最優先にする戦略に移行したと考えられるのです。

この事実を世界に突き付けたのが、トルコにおけるG20首脳会議（2015年11月）でのオバマ・プーチン密談でした。

G2とはアメリカとロシアのこと

それは全く奇異な密談でした。密談ならば、周りに知られずに密かに行われるのが相場です。しかし、オバマ・プーチン会談は通訳を除き二人きりで、G20の会場のホテルのロビーのソファーで、しかも衆人環視の中で行われたのです。二人の周りには挙動が何となく不審に思える人物がたむろしていましたし、何やら録音装置を隠し持っていそうな人物がいたこともネットで流れた映像から窺い知ることができました。要するに、世界に注目させるための密談だったわけです。この密談はある国に向けられていたと私は確信しています。矛先は中国でした。つまり、この世界を管理しているのはアメリカとロシアであるとのメッセージを中国に送ったのです。アメリカと中国という大国関係（G2）をアメリカに認めさせたかった習近平への強烈なパンチであったと思います。

少し考えてみれば、米露が世界の運命を握っていることは自明のことなのです。

米露各々の核兵器保有量を見れば、米露の核能力が中国を圧倒しています。それぞれ約７０００発程度の核弾頭を保有しているのです。これに対し、中国は２００発程度に過ぎません。たとえ中国のＧＤＰがアメリカに次いで世界第二位といえども（そのＧＤＰの数字すら怪しいとされています）、核軍事力の圧倒的な差は中国の世界運営への影響力には限界があることを示しています。

さらに言えば、そもそも中国は超大国になる条件に欠けているのです。つまり、中国はエネルギー資源を自給できないこと、食料を自給できないことです。国の安全に不可欠なこの二つの自給能力がないということは、中国は超大国にはなれないわけです。このことは、あのロシア嫌いで有名なズビグニュー・ブレジンスキーも認めているところです。アメリカは中国がアメリカと並ぶ超大国には決してなれないことを承知の上で、中国に融和的態度を取りながら、ビジネス上利益を追求していたといえるのです。

もっと正確に言えば、中国におけるビジネス上利益を追求するために政治的にも融和的な態度を取っていたわけです。民主主義国であるアメリカがなぜ人権を弾圧している共産主義国中国に甘いのかを訝《いぶか》る人々が少なくありませんが、その答えは簡単です。ビジネスに政治イデオロギーは関係ないのです。ビジネスの利益が出るならどのような政体の国とも付き合ってゆくというのが、アメリカのグローバル資本の基本姿勢であることを、私たちは十分理解しておく必要があります。

わが国においては、中国の経済的台頭を与件として日本の対中政策を立てるべきだとの主張が、依然としてメディアや知識人の間で強そうですが、トルコでの米露密談は中国礼賛論者に痛烈な反撃を与える結果となりました。ところが、この米露密談の意味を的確にとらえた日本のメディアや知識人にはお目にかかれません。G2とは米露のことであるという現実を見ないで相変わらず中国重視を唱えるメディアや知識人がいかに間違っているか、私たちは彼らの欺瞞《ぎまん》を見抜くことが必要です。同時に、中国脅威論も割り引いて考える必要があります。中国脅威論の中には、中国と対抗するのは危険であるとの底意が感じられるからです。つまり、中国にしてみれば、戦わずして日本を屈服させる効果があるからです。いわゆる、孫子の兵法の第一の原則、「戦わずして勝つ」戦略です。無意識的にこの中国の伝統的戦略を宣伝していることになってはいないか、わが国の中国脅威論者に是非再考していただきたい点です。

ISテロの横行

２０１５年11月はテロに明け暮れました。13日の金曜日、パリで起こった多発テロは一般市民に１３０人もの犠牲が出るという大惨事になりました。フランスのオランド大統領は非常事態を宣言し、テロとの戦争を宣言しました。この直後にトルコで行われたG20首脳会談がテロへの戦いのムードが支配的であったのは当然のことでした。重要なことは、パリのテロ事件を受けて、ＥＵにおける安全が一挙に失われたことです。以降、ＥＵはテロの恐怖の中で生活せざるを得なくなってしまったのです。ＥＵにおけるテロとシリアを中心とする中東からの難民のＥＵ流入とは裏腹の関係にあります。

ここで、難民問題を考えてみたいと思います。難民の条約上の定義はともかく、ＥＵに押し寄せた「難民」は要するによりよい生活を求めて殺到した移民です。何が何でもと群れをなしてドイツを目指す移民の様子は、民族大移動に等しいものでした。シリアが内戦の結果安全な生活ができなくなったからといって、人々はいとも簡単に他国に移民しようと思うものでしょうか。

移民ビジネスが取り沙汰《ざた》されたように、戦場からの脱出という理由だけではなかったことは既に明らかになっています。そういえば、難民の服装や持ち物などを映像で見る限り、難民の中にはかなり裕福な人々が少なくないことが見て取れました。スマートフォンで連絡を取り合い、メディアのインタビューに英語で流ちょうに答える者もいました。難民の人々の窮状を軽視するわけではありませんが、難民と称する人々が必ずしも政治的迫害に耐え切れずに故国を捨てざるを得なかった人たちだけではないことを踏まえて、難民問題を論じる必要があります。

ISのテロを論じる際にも、難民問題と同様に安易な建前で議論すると本質を見失う危険があります。ISの映像を見ると数々の疑問が湧いてきます。なぜ、ISの兵士たちはそろいもそろって覆面で顔を隠しているのでしょうか。英語を流ちょうに操る広報担当たる覆面兵士が、何度も映像に登場していました。彼らの訓練ぶりを映した映像が世界に配信されましたが、近代的な武器で武装していることにも疑問を感じました。

最大の疑問は、なぜISはイスラム国家樹立を目指すと言いながら、将来イスラム国の国民となる可能性のあるイスラム教徒を殺害しているのでしょうか。どうも、彼らが主張している「カリフ国家」の建設は眉唾物であると言わざるを得ないのです。安易に住民を殺害して、国家を建設することなどできるはずがありません。そう考えますと、ＩＳは単なる過激テロ集団だと断定せざるを得ないのです。結局のところ、ＩＳをどう位置づけるかで、中東情勢の解釈に決定的な違いをもたらすことになるのです。ＩＳは自然発生的な反欧米文明のイスラム運動であると見ると、イスラム教はテロを奨励する宗教であるとの短絡的な反イスラム論になってしまう危険があるのです。

ＩＳは何らかの政治的意図をもって人為的に作られたテロ集団であるとすると、一体誰がＩＳを作り育ててきたのでしょうか。これを解明することが、現在の複雑に見える中東情勢を理解する鍵となります。ＩＳの出自の不思議を解明するには、２００１年９月11日のニューヨークなどにおける同時多発テロまで遡らなければなりません。

テロ戦争の幕開けを告げた9・11同時多発テロ

ニューヨークの世界貿易センタービルにハイジャックされた航空機二機が相次いで突入した同時多発テロは、21世紀の戦争を特徴づける象徴的な悲惨な事件となりました。アルカイダによる犯行とされましたが、常識的に考えて素直に受け取ることは出来ません。世界の情報機関の見立てでは、たとえ実行犯がアルカイダのメンバーであったとしても、どこかの国の情報機関の協力がないと、あれほど大規模なテロを同時に起こすことは不可能だということです。確かに、セキュリティの厳格な航空機をハイジャックするためには、空港のセキュリティ・チェックを潜り抜けなければなりません。武器を持っていれば通常は不可能です。たまたま、セキュリティ・チェックが甘かったのでしょうか。

それ以外にも不思議な出来事が少なくありません。航空機が突入していない第7ビル（ソロモンブラザーズビル）がツインタワービルと同じように崩落してしまったのです。爆破によって崩壊したとしか考えられません。ツインタワービルと同じように上から下へと整然と崩落したのです。

さらに言えば、ワシントンD．C．郊外のペンタゴン（国防総省）に突入した航空機に至っては、残骸が発見されていないのです。突入跡も航空機の外形よりも小さいものでした。ミサイルの襲撃だったとの見方も依然として消えていません。このように、9・11テロ事件には多くの疑問が付きまとっており、真相については多くの著作が既に刊行されています。中には、きわどい内容のものもありますが、少なくともアルカイダの単独犯行ではないことは確かです。

しかし、私の関心は9・11テロの真相究明もさることながら、その後の世界情勢に与えた影響にあります。簡単に言えば、アメリカもその他の国も、テロを口実にいつでもどこでも戦争することが可能になったということです。

当時のブッシュ大統領は、今後アメリカは対テロ・グローバル戦争（Global war on Terrorism）を行うと宣言しました。つまり、「アメリカはテロを起こした連中を世界の果てまでも追い詰める」ということなのです。しかも、テロ戦争の場合、議会の宣戦布告は必要ありません。テロに対しては大統領の一存で戦争を始めることができるようになったのです。これには伏線がありました。実は、ブッシュが大統領に当選する直前の2000年9月にブッシュ政権の対外軍事戦略の指針となるべき重要な文書が作成されていました。「アメリカ新世紀プロジエクト（The Project for the New American Century）」という民間のシンクタンクが「アメリカ国防力の再建」（Rebuilding America's Defenses）と題する政策提言ペーパーを発表していたのです。

このシンクタンクは1997年に設立されたのですが、設立趣意書を見るとわかるように、ディック・チェイニー、ドナルド・ラムズフェルド、ポール・ウォルフォビッツのほか、ネオコン派の論客として知られるドナルド・ケーガン、ロバート・ケーガン父子などが名を連ねるネオコンの政策集団なのです。

ネオコンとは何か

ここでネオコンとは何かについて説明しておきたいと思います。なぜなら、ネオコンの思想を理解することが、現在の世界情勢を理解することに繋《つな》がるからです。ネオコンとは読んで字の通り、ネオ・コンサーバティズム、新保守主義のことです。1960年代からネオコン思想は存在していたのですが、その中心にいたのは、ユダヤ系知識人たちでした。

例えば、私たちに馴染《なじ》みの深いジャーナリストのウォルター・リップマンがいますが、彼もネオコンの一人でした。実は、リップマンはウイルソン大統領の側近として活躍したころ（1910年代の後半）は社会主義者でしたが、後にリベラリストになり、晩年はネオコンになったのです。しかし、社会主義者とネオコンは決して左翼と右翼といった矛盾するイデオロギーではありません。両者の共通項は、国際主義なのです。この点がネオコンを理解する上で極めて重要です。

ネオコンは、東西冷戦の下で熾烈《しれつ》な米ソの軍拡競争が展開されていた1960年代の初めに、ケネディ大統領の民主党政権が共産主義国ソ連に対して融和的な平和共存政策を取っていたことに反発する民主党内の左派勢力が、共和党に鞍替えしたことに端を発しています。彼らはソ連に対して強硬な姿勢を取るべきだとの主張を展開しました。

だからといって、これらネオコン勢力は共産主義（社会主義）そのものに反対していたのではありません。彼らはスターリンの一国社会主義路線に敗れたトロツキーの永久革命路線を支持するトロツキー主義者なのです。スターリンが唱えた一国社会主義とは、共産主義世界を実現するためにはまずソ連の社会主義体制を固めることを優先する路線です。つまり、ソ連社会主義国家建設にソ連国民のみならず各国の共産主義者のエネルギーを向けるという、いわばナショナリズム的性格を帯びたものでした。

ところが、ソ連での社会主義体制建設を優先すれば、当然のことですが、社会主義（共産主義）イデオロギーによる世界統一が遠のくことになります。スターリン主義では世界を早急に共産主義化してソ連の安全を確保することが事実上できなくなってしまいます。そこで、トロツキーは世界の共産化こそ共産主義の祖国ソ連を守護することができると訴え、永久革命路線を主張したのです。永久革命とは共産主義による世界統一を目指して、各国での共産主義革命闘争にソ連が積極的に介入することを意味します。

このように、ネオコンが共産主義イデオロギーの信奉者であることを私たちはしっかりと記憶するべきです。つまり、ネオコンは彼らの利益を守るために、他国への介入（干渉）戦略を旨とする政治集団であるということです。これが、先ほどネオコンのリップマンについて述べた際、共産主義（社会主義）とネオコンの共通項として指摘した「国際主義」のことなのです。ネオコンの国際干渉主義戦略は、現在にまで受け継がれています。

当時のネオコンのもう一つの関心はソ連国内のユダヤ人の出国でした。１９１７年のロシア革命を主導したのはユダヤ系の革命家で、スターリンがソ連共産党の実権を奪うまでは、ユダヤ系ロシア人がソ連共産党内でエリートの地位を保持していたのです。しかし、スターリンが共産党書記長に就任して以来、ユダヤ系革命家は徐々に権力から追われてゆきました。スターリンによるいわゆる粛清の犠牲になったのは、多くがユダヤ系でした。従って、ユダヤ系アメリカ人が多数を占めるネオコン勢力は、いわば彼らの同胞であるソ連内のユダヤ人の西側諸国、特にアメリカへの出国を強く要求していたのです。その後の米ソ関係において、ユダヤ人出国問題は貿易交渉や軍縮交渉とリンクされることとなりました。

このようなネオコンの出自に鑑み、現在もネオコンの多数はユダヤ系アメリカ人が占めています。ソ連が崩壊し、ロシアになっても、ロシア内のユダヤ人の待遇に関心を持ち続けているのです。先に述べたウクライナ危機において、なぜネオコンが裏で糸を引いていたのか、これでおわかりになったのではと思います。ユダヤ系ロシア人、とりわけユダヤ系資本家に警戒的な態度を崩さないプーチン大統領が、ネオコンの最大のターゲットであることは、言うまでもありません。

現在のネオコン勢力は、トロツキーの永久革命路線（世界統一路線）を受け継いでいます。但し、共産主義革命による世界統一ではありません。グローバル市場化による世界統一です。ネオコンがトロツキー主義者というのは、世界統一を目指すイデオロギーの信奉者という意味なのです。ネオコンという新たな「保守主義者」がなぜ世界統一といった革命思想の実践者なのか、現在の世界を読み解く最大の鍵がここにあるのです。

「テロとの戦い」という国際干渉政策

ここで本題の「アメリカ国防力の再建」レポートに戻ります。ポール・ウォルフォビッツ（ジョンズ・ホプキンズ大学）、ドナルド・ケーガン（イェール大学）、ロバート・ケーガン（カーネギー国際平和財団）、ウイリアム・クリストル（The Weekly Standard）、エリオット・コーエン（ジョンズ・ホプキンズ大学）など錚々《そうそう》たるネオコンの論客が執筆したこの政策提言は、２０００年11月に大統領に当選したブッシュ大統領の軍事戦略となったのです。旗振り役は政策集団「アメリカ新世紀プロジェクト」設立者の一人でもあるチェイニー副大統領でした。ラムズフェルド国防長官、ウォルフォビッツ国防副長官などの当時の政権陣容を見てみますと、ブッシュ政権とはネオコン政権であったことがよくわかります。そして、新政権が最初に直面した国防上の大事件が2001年9月11日のニューヨーク同時多発テロ事件であったのです。

ブッシュ大統領はこのテロ攻撃について真珠湾以来のアメリカ本土攻撃であるとして、先ほど述べた対テロ国際戦争を宣言したのです。ところが、「アメリカ国防力の再建」レポートに、アメリカが21世紀も引き続き世界の軍事超大国の地位を維持するためには、「新たな真珠湾」のような事件の必要性が触れられていたのです。このレポートに「新たな真珠湾」の必要性が言及されていたことは、決して看過できません。なぜなら、1941年12月8日の日本帝国海軍による真珠湾攻撃は、ルーズベルト元大統領の日本に第一撃を撃たせるという策略に日本が引っ掛かったことによるとの歴史解釈が近年世界の常識になりつつあるからです。ブッシュ大統領が真珠湾に言及したのは、このレポートが念頭にあったのかもしれません。しかし、いずれにしてもアメリカにとって「真珠湾」とは、アメリカが他国に先に攻撃させるように仕向ける狡猾な謀略のニュアンスを含むものです。この後、「真珠湾」という言葉は二度と使われることはありませんでしたが、9・11テロはアメリカが仕組んだ謀略であるとの説の根拠の一つになっています。

実は、事件から15年たった2016年のアメリカ大統領予備選挙においても9・11テロの真相を巡り当時のトランプ候補やジェブ・ブッシュ候補（ブッシュ大統領の弟）などの間で意見が交わされているのです。それまでも、アメリカ国内では事あるごとに9・11が政府の謀略ではなかったかと議論の対象になっているのです。アメリカのネット上では、政府が真実を隠しているといった追及が依然として行われています。

悲惨な9・11テロの結果、「テロとの戦い」という大義には誰も反対ができなくなりました。プーチン大統領も江沢民主席もアメリカの「テロとの戦い」を支持したのです。9・11以降、アメリカ議会は軍事予算の拡大を抵抗なく認め、軍事費の飛躍的増大を主張していたネオコン・レポートの目的が達成されることになりました。このテロ事件の直後の10月に、アメリカは主犯オサマ・ビン・ラディンを匿《かく》まっているとしてアフガニスタンのタリバン政権を軍事攻撃し、瞬く間に崩壊させました。

ところが、アメリカから見れば取るに足らない小国であるアフガニスタンの制圧に、2016年9月に至るもまだ成功していないのです。アフガニスタン情勢は安定化するどころか、むしろ混乱が増大しています（結局、2021年に撤退）。アフガニスタン内ではアメリカが据えた政権と追放されたタリバンとの間で、依然として戦闘が継続しているのです。アメリカ軍にも甚大な被害が出ているのですが、テロ勢力を平定できない以上、アメリカ軍は撤退したくても撤退できない状態が続いていたのです。

アフガニスタンの例でもわかるように、テロ戦争は容易に始めることはできますが、終わらせることは極めて困難であることが明らかになってきました。そうしますと、テロとの戦いというのは終わりのない戦争と言うことも可能です。世界各国がテロとの戦いを宣言しているにもかかわらず、テロとの戦いは収束するどころか、既に本書で見たように、テロ活動は拡大の一途を辿《たど》っているのです。世界各国がテロを撲滅しようと団結しているはずなのに、どうしてテロは止まないのでしょうか。この素朴な疑問に世界のメディアも政府も知識人も的確に解答を示してくれません。

今日の世界でテロ事件が起こらない日がないくらいにテロが横行しているのには、何か表に出ていない背景があるのではないかとの疑問が湧いてきます。ひょっとして、テロが特定の勢力にとっての世界戦略遂行の手段として利用されているのではないでしょうか。読者の皆様はもう察しておられることと思いますが、ネオコン勢力の世界戦略にとってテロとの戦いは利用価値があると考えざるを得ないのです。この点の詳細は、後ほど改めて論じたいと思います。

第３章
世界が変わったロシア機撃墜事件

後世の歴史家は２０１５年11月24日と２０１６年の7月15日を、世界が第三次世界大戦の瀬戸際に追い詰められた運命の日と記録するかもしれません。

まず、11月24日について考えます。トルコでのＧ20首脳会議がテロ戦争に対する断固とした対処を宣言した舌の根が乾かない11月24日に、トルコ軍機が対ＩＳ作戦に従事していたロシア軍爆撃機を撃墜するという衝撃的な事件が起こりました。トルコの言い分は、「ロシア軍機が何度もトルコ領空を侵犯した。トルコの警告に従わなかったので撃墜した」というものです。ところが実際に撃墜した場所は、シリア領空でした。また、パラシュートで空中脱出したロシア軍パイロットが地上から反アサド勢力によって射殺されてしまいました。この事件の概要は以上の通りですが、私は領空侵犯機を撃墜した事件とは素直に受け取ることができません。その理由は以下の通りです。

確かに、自国の領空に対しては排他的な主権が国際法上認められています。つまり、他国の領空を民間航空機であれ軍用機であれ無害航行することは出来ません。他国の領空を航行する場合は、必ず当該国の了解を得る必要があるのです。この点は、軍艦も含め船舶の無害通航権が認められている領海とは違います。

従って、ロシア機の領空侵犯の実態とトルコ側の警告の内容が問題になります。ロシア機によるトルコ領空侵犯が行われたことは確かですが、故意に行ったことではないこともまた明白です。というのは、領空といってもシリア領に食い込んだ幅数キロの細長いトルコ領空なのです。従って、シリア領内でＩＳ掃討作戦に従事していたロシア軍爆撃機が不注意で数秒間トルコ領空を横切ってしまったことはあり得ることなのです。このような行為を悪意に基づくトルコ領空侵犯と受け取るか、それとも偶然の出来事と見なすかで対応が大きく異なってくるのです。

常識的に考えれば、ロシアにとってトルコ領空を故意に侵犯してトルコを挑発する動機はありません。この事件のほんの10日前にプーチン・エルドアン首脳会談においてロシアはトルコとの緊密な関係を確認したばかりでした。トルコはＮＡＴＯのメンバーでもあります。ＮＡＴＯは加盟国に対する攻撃はＮＡＴＯ全加盟国に対する攻撃と見なして対処することが決められています。これらの事情から考えても、プーチン大統領には、あえてトルコを挑発するメリットは全くないといえます。

他方、トルコにとってロシア機を撃墜してまで守らなければならない利益があったのでしょうか。確かに、トルコはＩＳを事実上支援していました。その理由は、ＩＳがシリアの反アサド・クルド人部隊「シリア民主軍」を攻撃してくれていたからです。ご承知のように、トルコ内部ではクルド人の独立を目指してテロ活動を行っているクルド労働者党（ＰＫＫ）が跋扈《ばっこ》しています。ＰＫＫと連携関係にあると言われている「シリア民主軍」をＩＳが叩いてくれていることは、ＩＳはトルコにとってＰＫＫの勢力伸長を抑止する上でありがたい存在であるわけです。そのＩＳをロシアが空爆していることは、トルコにとって好ましいことではありませんでした。従って、ロシアにIS攻撃を止めさせるメリットがトルコにあったと言うことができます。しかし、そのために何もロシアと全面戦争の危険を冒すほどの価値があったかどうかは大いに疑問です。常識的にいえば、エルドアン大統領がロシアと全面対決する用意があったとは考えられません。

私が注目するのは、この撃墜事件を受けたプーチン大統領とエルドアン大統領の反応です。プーチン大統領は当然のことながらトルコの行為を国際法違反であるとして強く非難するとともに、トルコに対して制裁を科しました。トルコからの輸入停止やトルコへのロシア人観光客の渡航禁止などです。両国間の巨大プロジェクトであるロシア産天然ガスパイプライン施設計画は凍結されました。しかし、以上のロシアの対抗措置は十分に抑制された内容でした。国交断絶には至りませんでしたし、両国関係を徹底的に悪化させるような処置も取らなかったのです。

他方、エルドアン大統領は撃墜を正当化したのはもちろんですが、その説明ぶりはＴＶの映像で見る限りあたふたとした印象を受けました。どうも、エルドアン大統領は動揺している様子でした。トルコはＮＡＴＯのメンバーですので、もっと堂々として対処すればよいはずでした。ロシア機を撃墜するという決定はトルコの命運をかけた重い決断であったはずです。それにもかかわらず、事件後トルコはNATOを通じてロシアに何らかの軍事的圧力をかけることもしませんでした。このように、トルコはロシアをこれ以上刺激するような対策は取らなかったのです。

以上のロシアとトルコの態度を見る限り、何か隠された事実があったことが容易に想像されます。この事件後のトルコを巡る情勢を繋ぎ合わせていくと、背景が次第に明らかになってきたのです。

なぜトルコでテロ事件が頻発したのか

２０１６年になって６月までの間にトルコにおいて立て続けに６件も大規模なテロ事件が発生し、多数のトルコ人が死亡しました。以下順を追って見てゆきます。

１月12日に、イスタンブールで自爆テロが発生し、観光客ら11人が死亡しました。

2月17日には、首都アンカラのトルコ軍基地付近で爆発があり、兵士など29人が死亡しました。クルド人組織「クルド解放の鷹」（TAK）が犯行声明を出しました。

3月19日には、イスタンブールの繁華街で自爆テロが起こり、観光客5人が死亡しました。

5月1日には、シリアとの国境の町ガジアンテップの警察本部で爆発が起こり、警官など30人以上が死傷しました。

さらに、6月7日には、イスタンブールで車両が爆発し、11人が死亡しました。TAKが犯行声明を出しています。

以上のうち、明確な犯行声明が出されていないテロ事件はISによるものとトルコ当局は見ているようです。ISによると見られるテロは、無差別テロであることが特徴です。

このように、ほぼ一か月に一度の割合でテロ事件が起こっているのです。そうしますと、これらのテロ事件は単なる偶然とは決して思えないのです。エルドアン大統領に対する圧力であると見るのが自然でしょう。

テロ事件だけではありません。4月にはアゼルバイジャンのナゴルノカラバフ自治州でアルメニア系住民とアゼルバイジャン人勢力との間で戦闘が勃発しました。この自治州には多数のアルメニア系住民が住んでいるのです。わが国に馴染みのないナゴルノカラバフ自治州での戦闘がなぜ重要かといいますと、アルメニア系住民の背後にいるのがロシアで、アゼルバイジャンはトルコの盟友であるからです。これは、一見するとロシアとトルコの代理戦争と考えられがちです。

しかし、ナゴルノカラバフ自治州ではロシアの仲介で両住民の間で停戦が成立しており、小康状態を保っていたのです。では、なぜこの時期に戦闘が勃発したのでしょうか。もうおわかりのように、ロシア機撃墜事件が背景にあるのです。それは、ロシアとトルコがお互いの勢力を使嗾《しそう》して戦闘をさせたというのではありません。事実は逆で、ロシアとトルコの仲を裂こうとした策略だったと考えられるのです。

トルコに対する圧力はまだ続きます。6月になると、ドイツの連邦議会が第一次大戦時にトルコで生じたアルメニア人殺戮《さつりく》事件はジェノサイド（民族虐殺）であるとの決議を行いました。トルコはこの事件で大量のアルメニア人が殺害されたことは認めていますが、オスマン帝国内で戦時中の敵対民族隔離政策の下で生じた不可抗力の犠牲であるとの立場を取っています。アルメニア人は当時のオスマン帝国内に約２００万人住んでいたと言われていますが、そのうち約１５０万人が殺戮されたとされています。彼らはアルメニア正教徒で、当時の敵国で同じく正教のロシア帝国に通じているのではと疑われていました。

ジェノサイドは、ヒトラーのユダヤ人絶滅政策を受けて、第二次大戦後国連において禁止条約が作成されました。これによって、ジェノサイドは人類に対する最も凶悪な犯罪であると国際社会から見なされるようになったのです。その意味で、ドイツ議会の決議はトルコの名誉を棄損する侮辱的な仕打ちとなりました。なぜ、わざわざこの時期にあえてトルコ非難決議が行われたのか、２０１５年のロシア機撃墜事件以降のロシアとトルコを離反させようとの一連の工作の文脈の中で考えることが必要です。

２０１６年７月１５日のトルコ・クーデター未遂事件の真相

以上見てきたことから明らかになったことは、ロシア機撃墜事件後のエルドアン大統領のロシアへの対応に不満を持っている勢力が、エルドアン大統領に圧力をかける目的でテロ事件を画策してきたのではないかと見られることです。つまり、これらの勢力は撃墜事件によってトルコとロシアの緊密な関係を離反させることを狙っていたのです。しかし、彼らの思惑にエルドアン大統領が乗ってこなかったために、このような圧力をかけ続けたと考えられるわけです。

その証拠がその後の展開で極めて明白になりました。エルドアン大統領は２０１６年６月の下旬にプーチン大統領に書簡を送って、前年のロシア機撃墜事件を謝罪したのです。つまり、ロシア機撃墜の正当性を否定したのです。報道によれば、偶発的な出来事であったと謝罪し、亡くなったパイロットに哀悼の意を表明したということです。偶発的な出来事という意味は、エルドアン大統領の指示による撃墜ではないということを自ら認めたもので、事件後のエルドアンの落ち着かない表情の理由がこれでよくわかりました。撃墜事件はエルドアンの指示ではなく、空軍内の反エルドアン分子による行動であったことが暗示されたのです。エルドアンがこのような謝罪する書簡を出したことは、撃墜事件を工作した勢力にとっては到底許せない仕打ちであったことは想像に難くありません。

案の定、この謝罪書簡が明らかになった直後の6月28日に、イスタンブール国際空港で40人以上が死亡するという自爆テロが発生したのです。これは明らかに謝罪書簡に対する報復であったと見られます。あまりにも符合していることに、読者の方々も驚かれたのではないでしょうか。しかし、メディアはイスタンブール空港テロとエルドアン書簡の関係に言及しないのです。それはなぜでしょうか。単に勉強不足なのか、それともそのような関係を報じてはならない何らかの掟《おきて》でもあるのでしょうか。

同年7月になって前年のロシア機撃墜が陰謀工作であったことを証明する事件が起こりました。15日に発生したトルコ軍の一部によるクーデター未遂事件です。

トルコ軍の反エルドアン分子が決起したこのクーデター騒ぎは、世界を震撼《しんかん》させました。幸い、エルドアン大統領の果敢な対処によってクーデターは未遂に終わりましたが、この時世界は第三次世界大戦の瀬戸際にあったのです。このクーデター騒ぎは、トルコ軍の歴史から見ますと、異例のものでした。従来も軍部がクーデターを起こしたことはありましたが、その際は腐敗した政府を転覆するためトルコ軍部が一丸となって決行したのです。今回のように、政権に不満を抱いた軍の一部が決起したことはありませんでした。伝えられるところでは、エルドアン大統領が軍内の反エルドアン分子を逮捕する動きに出る機先を制してクーデターに訴えたということですが、どうもこの説明をそのまま受け取ることはできません。

エルドアン大統領はクーデターを鎮圧した後、反乱側の軍人を逮捕しましたが、その中にロシア機を撃墜したパイロットが含まれていました。このことで、ロシア機撃墜は反エルドアン分子によって行われたことが明らかになりました。ということは、ロシア機撃墜事件は反エルドアン工作であったのです。つまり、露土の離間を策した工作であったことが証明されました。

なぜ、第三次世界大戦の瀬戸際にあったかといいますと、もしクーデターが成功していれば、トルコがＮＡＴＯと組んでロシアに対する軍事攻勢を強めた可能性があったからです。ロシアとＮＡＴＯが正面から対峙すれば、米露の全面戦争になる危険性が高まったことでしょう。

ところが、世界のメディアや知識人の反応は、当初はクーデター派を非難はしましたが、鎮圧後はエルドアンが反対勢力の大粛清に乗り出したとして、エルドアンを批判する姿勢に転換しました。確かに、エルドアン大統領はクーデターに関わった軍人のみならず、公務員や教員、民間人などのエルドアン批判勢力を一斉に排除する強権姿勢を取っています。その理由は、アメリカに亡命しているイスラム教の指導者ギュレン師がクーデターの黒幕であるとして、いわゆるギュレン派の一斉逮捕に乗り出したのです。トルコ政府はアメリカに対しギュレン師のトルコ送還を要求していますが、これまでのところアメリカは応じていません。トルコ国内におけるギュレン運動がトルコ人の間に広範な広がりを見せていたことは事実でしょうが、イスラム主義者のギュレン師がなぜアメリカで亡命生活を送っているのか、その辺の事情については、メディアは何も報じません。世界のメディアはエルドアンに批判的であり、彼らはクーデター事件の真相解明には関心を示していないのです。

このような国際的な世論の中、2016年8月9日にエルドアン大統領はロシアを訪問し、サンクトペテルブルクでプーチン大統領と会談しました。両者の会談は、前年11月のトルコでの会談以降初めてのことでした。エルドアンにとって、クーデター騒ぎの後最初の外国訪問でした。

首脳会談においては、プーチン大統領はクーデター未遂事件を非難するとともに、エルドアン大統領が進めている大規模粛清を支持する姿勢を示しました。またロシアは撃墜事件以来トルコに科していた経済制裁を段階的に解除することを約束し、凍結されていたロシア産天然ガスパイプライン施設計画の再開が合意されました。このように、両国の関係は正常化したのです。

さらに、シリア問題を巡って進展がありました。今後シリア問題を巡り両国間で協議を続けることが合意されたことは、ロシアがシリア和平交渉の主導権を発揮する上で大きな収穫であったと考えられます。事実この会談後、トルコのＩＳに対する態度に顕著な変化が見られるようになったのです。例えば、トルコのチャブシオール外相は、ＩＳ壊滅へ向けロシアに共同作戦を呼びかけたと報じられました。真相は、ロシアが進めるＩＳ壊滅作戦にトルコが共同歩調を取ることを明らかにしたものと考えられます。トルコ国内における相次ぐＩＳのテロに直面していることも、トルコがやっとＩＳ壊滅へ重い腰を上げた理由でしょう。

しかし、クルド人勢力とＩＳとの複雑な関係もあって、トルコの前途は決して安泰ではありません。２０１６年8月14日には、南東部の中心都市ディヤルバクルで、自動車爆弾によるテロで警官など8人が亡くなっていますし、次いで18日には、トルコ東部エラズーの警察署前で爆弾テロが発生し、3人が死亡し120人以上が負傷しました。さらに、20日には、シリア国境のガジアンテップのクルド人の結婚式場で爆弾テロが発生し、50人が死亡、90人以上が負傷するという大惨事が起こっています。これは、ISとクルド人との対立がトルコ内に持ち込まれている最近の例といえます。反アサドのクルド人部隊「シリア民主軍」が8月上旬にISからシリア北部の要衝マンビジを奪還したのですが、20日のテロはISによるクルド人への報復と言われています。

いずれにせよ、今後トルコ政府はPKKやISそしてギュレン派勢力の三者を敵として対抗してゆかなければならない不安定な状況が続くことになります。ロシアとの関係を改善したと言って決して安心できない日々が続くものと想像されます（2022年、いまだに状況は大きく変わっていない）。

トルコ情勢は日本とも関連がある

私たちにとって、トルコがこのように様々な圧力を受けていることを、決して対岸の火事として傍観していてよいものではありません。トルコがロシアとの関係を緊密化しないように執拗な妨害を受けている状況は、わが国とロシアの関係に転写して考えることができます。つまり、トルコはロシアから離反させようとの圧力を受けているのに対し、わが国はロシアに接近するのを防止しようとの圧力を受けているのです。圧力をかけている勢力は同じです。ロシアのプーチン大統領を何とか追い落としたいと、ウクライナ危機以降工作を続けているアメリカのネオコン勢力です。

既に見てきましたように、トルコはロシア機撃墜事件という陰謀を仕掛けられた後も、ロシアとの関係を悪化させないよう冷静な対応を取ってきました。しかし、まさにそれ故に、多数のテロ攻撃を受け、ついにはクーデターの圧力まで受けました。この難局にもかかわらず、エルドアン大統領は懸命に乗り切ってきたといえます。これまでのところ、エルドアンのお陰で世界は破局を免れているといっても決して過言ではないでしょう。

２０１５年９月21日ニューヨークでの国連総会の機会をとらえ、安倍総理（当時）はエルドアン大統領と会談して、「エルドアン大統領がクーデターの難局を乗り越えたことを友人として大変うれしく思う。トルコ国民が示した団結と連帯に敬意を表する」と述べて、エルドアン大統領のクーデター処理を支持することを確認しました。安倍総理がエルドアン支持を明言されたことは、エルドアン大統領にとって心強い応援となったに違いありません。エルドアン大統領がロシアとの緊密な関係を維持することが、NATOとロシアとの全面的対峙を回避する道だからです。しかし、エルドアン訪露の後でもテロが続いている状況に鑑みますと、トルコでまた何らかの工作が行われる可能性は否定できません。

第４章　「イスラム国」（IS）の正体

ISの不思議

２０１４年６月から突如国際情勢の攪乱《かくらん》勢力として出現し、２０２２年現在、プーチン大統領による空爆により、ほぼ壊滅したといえるいわゆるＩＳについて、世界のメディアは真実を伝えようとしていません。ロシアが２０１５年９月末にＩＳ空爆を開始して間もなく、10月31日にエジプトのシナイ半島上空でロシア航空機が爆弾テロによって爆破され乗客乗員全員が死亡するという痛ましいテロ事件が発生しました。ＩＳが犯行声明を出して、ロシアのＩＳ空爆に対する報復であることを明らかにしました。

ところで、この事件が爆弾テロであることをいち早く公にしたのはアメリカとイギリスだったのです。なぜ、米英はこの事件が爆弾テロであるという情報を握っていたのでしょうか。

この事件はロシアのＩＳ空爆に対する報復と説明されていますが、これから導かれる結論は、極めて興味深いものがあります。もし、ＩＳがロシアのＩＳ空爆に報復したのだとするならば、２０１４年の8月にイラクにおいてアメリカ主導のＩＳ空爆が始まった時、また、翌月にはシリアにおいてもＩＳに対する空爆が始まりましたが、この時はなぜＩＳはアメリカに報復テロを行わなかったのでしょうか。

メディアは報道しませんが、ロシア航空機爆破事件に対するＩＳの行動一つをとっても、ＩＳの出自について疑問が湧いてこざるを得ないのです。ＩＳはカリフ国家の建設を目指していると言われています。英仏などの植民地支配のもとで、民族の分布状態を無視して線引きされた国境線を、本来の民族分布に合わせ引き直して、新たな中東の地図を作成しようという試みであると、報じられています。

アラブ専門家の中には、ＩＳによるイスラム・カリフ国家樹立の手順を詳細に解説している学者もいるほどです（例えば、池内恵『イスラーム国の衝撃』文春新書）。

しかし、よく考えてみますと、ＩＳがカリフ国家建設を目指しているとなると疑問が多々出てきます。第一に、なぜ将来イスラム国家の国民となるべき一般人を無差別に殺害しているのかということです。女性や子供を含む民間人を何千人と処刑しているのです。国家建設のためには国民が存在しなければならないことは常識です。イスラム国家の下で経済発展を担うはずの有為の人材を殺戮《さつりく》している理由は理解できません。新たな国境の画定のために武力が必要だとしても、武力行使の矛先は彼らを弾圧している政府なり武装集団に向けられるのが常識です。

第二に、イスラム国の主張の中に、パレスチナとの連帯やイスラエル殲滅《せんめつ》ということた、かつての中東テロ組織の大義を示すスローガンが見られないことです。1967年と1973年の中東戦争以降、パレスチナ解放機構（ＰＬＯ）などパレスチナ人過激派を中心とするテロが横行しました。以降今日に至るまで、中東のテロ組織とはパレスチナ解放闘争が中心だったのです。

この流れに加えて、中東のテロ過激派組織を生んだのが1979年のソ連のアフガニスタン侵略でした。その結果、占領ソ連軍に対するアフガニスタン人の抵抗組織ムジャヒディーンをアメリカとパキスタンが支援し、最終的にはアフガニスタンからソ連軍を撤退させたのです。その後、アフガニスタン国内では、ムジャヒディーンの中核であったタリバン勢力と北部同盟の間で内戦となりました。タリバンは多数派民族であるパシュトゥーン人が主体でしたが、北部同盟はその名称の通りアフガニスタン北部を拠点とし、タジク人などの少数民族が主体でした。この内戦の結果アフガニスタンの大部分はタリバンが実効支配することになりましたが、アフガニスタンに対する国際社会の関心が薄れた結果、タリバン政権の内情は外部からは窺い知れない状況にありました。このような中で、タリバン政権はかつてのソ連占領軍に対する戦闘テロ組織の戦士であったアルカイダを自由に行動させていたのです。

先に述べたように、9・11テロの実行犯のビン・ラディンやアルカイダを匿《かく》まっているとの口実の下、アメリカはアフガニスタンを空爆し、その後地上軍を投入して北部同盟と協力してタリバン政権を追放しました。タリバンと共にアルカイダもアフガニスタンを離れ、一時期パキスタンに逃れていましたが、中東各地に散らばって行ったのです。アルカイダにしても、その大義は、異教徒からイスラム世界を防衛するということでした。

東西冷戦終了後、残された大規模紛争地である中東に和平の雰囲気がにわかに盛り上がりました。イスラエルとパレスチナの和平を達成するというのが、中東和平交渉だったのです。イスラエル対アラブの対立軸でした。

この中東和平交渉の最中にイスラエルはパレスチナ解放機構（ＰＬＯ）を承認した（これがいわゆるオスロ合意と言われるものです）結果、ＰＬＯの指導者アラファト議長がイスラエルの占領地ガザに帰還し、ここにパレスチナ自治区としてヨルダン川西岸の一部を含めてパレスチナ人が自治権を行使するようになりました。しかし、まだパレスチナ国家が建設されたわけではありません。ＰＬＯよりも過激なハマスがガザを支配するようになって、ヨルダン川西岸のパレスチナ自治政府と対立するようになりましたが、ガザと西岸は依然としてイスラエルの支配下にあり、パレスチナ問題は解決していないのです。

ところが、ＩＳはイスラムの天敵イスラエルとの対決を唱えていないのです。

スンニ派であるＩＳの敵は同じイスラム教徒のシーア派なのです。つまり、今中東の各地で行われている過激派同士の戦闘は、イスラム教内の宗派対立、いわば兄弟げんかなのです。いつの間にか、中東の紛争がパレスチナ問題からスンニ派対シーア派の宗派対立へとすり替わってしまったのです。

第三の疑問は、ＩＳはどこから資金を得、武器を調達し、人材を徴用しているのかということです。ＩＳの外部に強力な支援者がいない限り、短期間に大規模なテロを実行できるだけの能力を持った集団に成長することができないからです。では、誰が支援しているかと考えますと、ＩＳによって利益を得ているものが支援するのが自然であるとの結論に達します。アラブから敵対されていたイスラエルにとって、パレスチナ問題からイスラム諸国の関心をそらせてくれたＩＳは極めてありがたい存在となっていることがわかります。イスラエルを終始支援してきたアメリカにとっても、ＩＳはありがたい存在です。アメリカのイスラエル支持者の中核はネオコン勢力です。また、アメリカの政策に大きな影響を及ぼしているいわゆるイスラエルロビーにとって、イスラエルが従来よりも安全になっている現状は歓迎すべきものがあるでしょう。

そのように考えますと、イスラエルとアメリカがＩＳを育成したとしても不思議ではありません。かつての、対ソ連抵抗勢力のムジャヒディーンやアルカイダを養成したのはアメリカやパキスタンでした。そもそも、これらの過激派組織が自然に発生したとは通常考えられません。やはり、外部からの武器供与や資金援助などによって育成されたと考える方が自然に思えます。

第四の疑問は、なぜＩＳ掃討に時間がかかっているのかということです。アメリカは表向きはＩＳの拠点を空爆していると発表しているのですが、反アサド勢力に供与する予定の武器を誤ってＩＳ支配地域にヘリコプターから投下してしまったと発表する始末です。アメリカは空爆を開始した当初から、ＩＳ掃討には5年はかかると悲観的なことを言っていました。ところが、２０１５年9月末にロシアがＩＳ空爆に参加したら、ＩＳはあっという間に追い詰められ、今やＩＳはシリア内の拠点の多くを失ってしまったのです。このように劣勢に立たされたＩＳが自己の力を誇示するために11月になってパリで同時多発テロを敢行したとしても不思議ではありません。もっとも、パリのテロを受けて、フランスがＩＳ空爆に参加したことで、ＩＳの劣勢がさらに深刻化したことは疑いありませんが。

ISの出自

これらの疑問は、ISがどのようにして発展してきたかの経緯を見ると、一層明確になります。ISの前身はアルカイダなのですが、アルカイダはアフガニスタンを追われた後、一旦は勢力が減退します。しかし、2003年のイラク戦争の結果生じたイラク国内の混乱に乗じて、息を吹き返したのです。つまり、イラクにおける反米運動の拠点として復活を遂げました。これが、「イラクのアルカイダ」と呼ばれる組織であり、その後の変遷を経て「イラク・レバントのイスラム国」となったのです。アメリカによって据えられたシーア派のマリキ政権に対してもスンニ派組織として聖戦（ジハード）を主張するようになりました。ここに、「イスラム国」なるものはシーア派に対する宗教戦争を宣言したわけです。当時の指導者はザルカウィーで、彼のジハード宣言を契機にイラクは宗派対立による果てしない国家の分断への道を滑り落ちてゆくことになりました。

イスラム教同士の宗教戦争になって、彼ら同士で殺戮を繰り返す事態になったことが、イスラエルを利することは容易に理解できます。しかし、一見反米的と思える「イスラム国」をアメリカがあえて育成する動機は、果たして何なのでしょうか。米軍兵士のかなりの犠牲を払ってまで獲得したイラク戦争の戦果を帳消しにするような「イスラム国」は、アメリカの敵であるはずです。

しかし、もしイラク戦争の目的の一つが、アメリカのイラクに対するコントロールを永続させるため、イラクを絶えず混乱した状態にさせておくことにあったとすれば、「イスラム国」によるシーア派政権への揺さぶりはアメリカにとって好ましい事態と考えられるのです。イラクのサダム・フセイン政権は世俗政権としてそれなりにイラク国民の福利を向上させました。イスラム教の厳しい戒律から解放されたイラク女性は、社会の各層で活躍するようになっていました。それ故に、フセイン政権は安定していたのです。フセイン政権の崩壊、その後の宗教対立による国内の分裂、テロの横行による秩序の崩壊など、「イスラム国」の出現の結果イラクの混乱は半永久的に続きそうな状況になってしまいました。

このように考えますと、「イスラム国」の存在が実際に世界に注目されるようになったのが、２０１４年６月のイラク北部の要衝モスルの制圧にあったことが意味を持ってきます。

当時のアメリカのオバマ大統領はアメリカ軍主力部隊のイラクからの撤退を２

011年の末までに実行しました。これによって、イラク内に権力の空白地帯が生まれたのです。この間隙をぬって突如モスルを陥落させ統治を始めたのが「イスラム国」であったのです。この脅威に対しアメリカは「イスラム国」の拠点に対する空爆を開始します（2014年8月）。地上軍の投入ではなかったとはいえ、アメリカは一旦撤退したイラクに戻らざるを得なかったのです。としますと、アメリカを再度イラクに介入させるためにイスラム国が利用されたと考えることも可能になります。

オバマ大統領とネオコンの対立

この際注意しなければならないのは、アメリカといっても必ずしも当時のオバマ大統領を指しているのではないことです。結論を言えば、中東政策を巡り、オバマ大統領とアメリカのネオコン勢力との間で意見の対立が顕著になり、オバマ大統領はネオコンの利益を無視する方向に動き出したといえるのです。イラクからの撤退に加え、2013年夏にアサド政権に対する空爆を撤回したことが、両者の溝を決定的にしました。だからこそ、その年の晩秋にネオコンが裏で糸を引いたウクライナ危機が発生したことは、先に述べた通りです。

中東の政治地図が大きく変遷した事件として、先にロシアによるシリアのＩＳ空爆の開始（２０１５年9月30日）をあげましたが、ロシアがシリアに直接軍事介入することによって、シリアを無政府状態にするというネオコンの目算は狂うことになりました。アラブの春を演出したネオコン勢力にとって、シリアは最後のターゲットでした。しかし、アサド大統領は激しい反体制派の武力攻撃にもかかわらず、容易に陥落しませんでした。武装反体制派を支援しているのがアメリカです。これらの反体制派はアサドの強権政治に反発した民主化勢力であるとメディアは盛んに宣伝していますが、この報道が正しくないことは読者の皆さんはお気づきのことと思います。世俗の政権であるアサドを倒すというネオコンの謀略なのです。シリアの反体制派に対するアメリカの武器支援問題は、ひょっとするとアメリカ大統領選挙の去就を左右するかもしれません（本書が発行された直後に選挙があるので、読者はすでに結果を知っていると思いますが……トランプ大統領が誕生しました）。

リビア内戦時に反体制派を援助したアメリカは、カダフィが暗殺された後、彼らに供与した武器を回収して、シリアの反体制派に送る作戦を行いました。現地でこの作戦の指揮を執っていたアメリカのスティーブンス大使が、2012年9月11日リビア東部の都市ベンガジで過激派の襲撃にあって殺害されたのです。

これが、世にいうベンガジ事件ですが、スティーブンス大使にこの作戦の指示を出していたのが、当時のヒラリー・クリントン国務長官、民主党の大統領候補（2016年9月現在）なのです。彼女はスティーブンス大使に対する指示を私用メールを使って行っていたのです。ヒラリー候補の私用メール事件とは、単に本来使うべき国務省のメールアドレスを利用しなかったといった次元の話ではありません。違法な武器回収作戦を私用メールアドレスで行い、しかもアメリカ大使を殺害されてしまったという大失態の事件なのです。2016年9月現在までのところ、真相は明らかにされていませんが、いつ真相が暴露されるかもしれません。メール問題の真相が明らかになれば、ヒラリー候補が大統領選から撤退せざるを得ない事態に追い込まれることになったはずです。この点は、後の大統領選挙に関連して詳しく述べる予定です。

テロ戦争と共産主義暴力革命

２０１５年はパリにおける週刊紙「シャルリー・エブド」社に対するＩＳの襲撃テロ事件から明けましたが、その後もチュニジアにおいて外国人観光客も多い博物館が襲撃され、日本人を含む犠牲者が出ました。しかし、これらのテロ事件には疑問が残りました。その必然性が認められない事件だったからです。むしろ、イスラム国のテロを通じ、世界に反イスラム機運を高めたり、ＥＵやアメリカなどにおけるイスラム系移民に対する一般市民の警戒感を高めるなど、社会の分断を図った作戦であった可能性があるのです。

このようなイスラム教徒によるとされるテロ事件が頻発しますと、どうしてもイスラムとテロが結びついてしまいます。イスラム教徒は残忍な人々だとの刷り込みが行われる危険性があるのです。このような工作を一般に「偽旗《にせはた》作戦」と言います。読んで字の通り、偽の旗（この事件の場合はイスラム教徒の過激派）を掲げて行動することですが、この旗で周囲の人間を騙《だま》して本来の目的（イスラム教徒は残忍であると人々を洗脳する）を遂げる作戦です。偽旗作戦は汚い工作ですので、私たち日本人には想像しがたい作戦ですが、世界ではこのような人を欺《あざむ》く汚い作戦がいわば日常茶飯事に行われていることを知っておく必要があります。

　以上に見たように、私たちが単純にイスラム過激派とは腐敗した欧米近代文明を排撃するイスラム教の狂信者であると思い込んでいる過激派に対するイメージを、再検討しなければなりません。これには、歴史的な側面からイスラム過激派の行動を分析する必要があります。歴史的側面といっても、イスラム社会の歴史から考察することではありません。１９１７年のロシア革命の歴史から、イスラム過激派の正体を暴くことが必要なのです。

　かつてレーニンに率いられたロシアのボルシェビキは暴力によって政権を奪取しました。以後、共産主義運動における暴力革命路線が各国で荒れ狂うことになりました。しかし、考えてみれば共産党の民族解放闘争というのは、現在のイスラム過激派によるテロ闘争と類似しているのです。民族解放闘争というのは暴力による政権奪取であり、中国の毛沢東が中華人民共和国を樹立した戦法やかつてのベトコン、カンボディアのポルポトなどと基本的に変わることはありません。自らの政治目的を暴力集団の力によって達成したという点が同じなのです。共産主義民族解放闘争に対し本当に民衆の支持があったのかどうか、歴史的に検証されなければなりません。

ＩＳと共産党の政治イデオロギーの内容は違っていても、採用した戦術は同じなのです。そう考えますと、ＩＳは共産主義暴力革命路線の21世紀版と言うことも可能です。表向きにはＩＳは世俗イスラム政権を打倒して、イスラム教に基づくカリフ国家を樹立することを目指しています。かつて、共産党はブルジョワ政権を打倒して共産主義国家を樹立することを目指していました。そうしますと、ネオコン（もともとは共産主義永久革命を唱えたトロツキー主義者）がＩＳを生み育てたというのも頷《うなず》ける話ではありませんか。ネオコンが共産主義者の伝統的戦術に従って過激派組織を養成したと考えると辻褄《つじつま》が合うのです。

レーニンは「戦争から革命へ」と共産主義者を叱咤《しった》激励しました。つまり、国内の混乱を活用して共産主義政権を打ち立てよということです。現象面を見ると、イラクやシリアの国内の混乱を利用してＩＳが勢力を伸ばしてきたことがわかります。それだけではありません。ＩＳは「不正義の支配者に対するジハード（聖戦）」を正当化していますが、かつて共産主義者が労働者を搾取する資本主義体制の打倒を目指す共産主義暴力革命を正当化したのと同じ論理です。ＩＳの聖戦の対象にはイスラム国家の世俗政権も当然含まれることになります。また、シーア派政権も不正義の支配者です。これらの政権を武力で打倒せよと主張しているのです。

この論理を裏返しますと、ISなどのイスラム過激派を台頭させるために、まともな世俗政権を打倒することが「アラブの春」を演出したネオコンの目的であったと見ることができるのです。国民が貧しいだけでは過激派が生まれることはありません。過激派を伸長させるためには、国内が混乱することが必要になるのです。国内の混乱を意図的に起こすという作戦が必要になるわけです。何度も繰り返しますが、この手法は共産主義革命の戦術と同じです。20世紀の共産主義はまだ死んでいないのです。それどころか、イスラム過激派として装いを新たにして蘇《よみがえ》ったのです。

ISの突如の台頭に際して、わが国で多くのISに関する書籍が出版されました。しかし、ISが自然発生的に生じてきたというラインで解説している書籍がほとんどです。中には、ISの出自を細々と詮索することは必要ないと断じている中東専門家も見られますが（山内昌之『中東複合危機から第三次世界大戦へ』

ＰＨＰ新書）、ＩＳの出自こそＩＳのテロがなぜ横行しているのかを解くカギであることがおわかりいただけたと思います。

繰り返しますが、ＩＳを作ったのはネオコンであり、ネオコンの目的はＩＳのテロを通じて世界を混乱させ分断することにあります。そうすることによって、世界をグローバル市場に向け引っ張ってゆくことです。つまり、ネオコンの目的であるグローバル市場化による世界統一のための手段として、ＩＳのテロを利用しているわけです。

第2部

誰が世界に戦争を仕掛けているのか

第１章　戦争と市場

以上、かなり詳細に２０１５年から２０１６年にかけての世界の動きを概観しました。明らかになったことは、大規模な軍事衝突に至る軌道が敷かれたということです。従って、２０１６年から以降問われるべき問題は、世界大戦争が起こるか否かではなくて、いつ起こるか、どこで起こるか、なのです（２０２２年には、ウクライナ戦争が起きた）。本章では、なぜこのような無秩序な世界になってしまったのか、その背景を探ることにします。

東西冷戦終了後、アメリカが世界で唯一の超大国になりました。ここに、軍事的に圧倒的な優位を獲得したアメリカは、世界をアメリカ資本に有利になるグローバル市場化を推進することに専念する戦略を取ることになりました。軍事的脅威であったソ連が崩壊した世界では、このアメリカのグローバル化戦略にとって潜在的な敵国が日本とドイツであったことは想像に難くありません。日本はバブル経済がはじける寸前で、アメリカの不動産を買い漁るなど未曽有の繁栄を謳歌《おうか》していました。アメリカのジェイムス・ベーカー国務長官が「冷戦の真の勝者は日本だ」と漏らしたのも、決して故のないことではありませんでした。

また、ドイツは1990年に第二次世界大戦後の民族の悲願であった東西ドイツの統一を成し遂げました。人口8000万人のヨーロッパ最強国ドイツが突如出現した地図を見て、アメリカが第二次世界大戦前の悪夢を思い出したとしても、不思議ではありません。もし、ドイツがソ連崩壊後の新生ロシアと協力関係を結ぶことがあれば、1922年のラパッロ条約の再来となるとの悪夢です。

ラパッロ条約とは、第一次世界大戦の敗者ドイツ・ワイマール共和国が、帝政ロシアを倒した共産主義国ソ連と結んだ協力条約です。拙著『国難の正体』（総和社。新装版はビジネス社）でも触れましたが、1991年の湾岸戦争の隠れた目的が日本とドイツに対する牽制《けんせい》であったのです。これが、湾岸戦争への対応を巡り、アメリカから非協力的だと最も酷くバッシングされたのが、日本とドイツであった理由です。わが国は戦費90億ドルを拠出し、イラク周辺諸国の民生安定用などに使用される40億ドルを加え、実に１３０億ドルもの支援を行ったのです。ドイツも、戦費70億ドルを負担させられました。

冷戦終了によって平和が到来すると浮かれていた世界にとって、湾岸戦争は新たな戦争の時代の始まりに過ぎなかったのです。本書では湾岸戦争そのものを詳述する余裕はありませんが、東西冷戦後のアメリカの世界戦略が、唯一の超大国の地位を強化するために各地で戦争を仕掛け続けるものであったことを、私たちはしっかりと記憶しておく必要があります。

ブレジンスキーとは何者か

先にアメリカの世界戦略が世界をグローバル市場で統一することであると述べましたが、この戦略を具体的に明らかにしたのが国際政治学者として名高いズビグニュー・ブレジンスキーです。カーター大統領の国家安全保障担当補佐官を務めたブレジンスキーは当時のオバマ大統領の選挙運動の際に外交政策顧問を務めるなど、当時（2016年）、齢88歳にしてなお世界に隠然たる影響力を保持していたアメリカ政界の重鎮と言える人物です（2017年死去）。ブレジンスキーはユダヤ系ですが、ネオコンではありません。しかし、強烈な反ロシア主義者である点ではネオコンに近いといえます。ブレジンスキーが反露である理由は、彼がポーランド系ユダヤ人であることも影響しているでしょう。歴史的に見れば、ポーランド国内のユダヤ人がロシア帝国に併合された後、帝政ロシアの抑圧を受けたブレジンスキー一族の過去がトラウマになっていたとしても不思議ではありません。

同じユダヤ系でも、ニクソン大統領の国家安全保障担当補佐官や国務長官を務めたヘンリー・キッシンジャーは、ソ連との緊張緩和政策、デタントを積極的に推進しました。長年ソ連の外務大臣を務めたアンドレイ・グロムイコは、回想録（『グロムイコ回想録』読売新聞社）においてキッシンジャーを高く評価しています。彼はキッシンジャーとは歴代の国務長官の誰よりも頻繁に会ったとして、「キッシンジャーが外交手腕にたけた極めて有能な人物であることは疑いない。

委ねられた権限の中で真に建設的な諸提案を示すことができた。だから、彼との会談はいつも興味津々だった」とキッシンジャーをベタ褒めしているのです。

もっとも、キッシンジャーは中国への秘密訪問を通じ、ニクソン大統領の中国訪問をアレンジするなど、中国との関係正常化にも尽力しました。キッシンジャーは鄧《とう》小平の改革開放政策に協力して、アメリカ企業の中国進出を支援するなど、親中国的姿勢は現在に至るも有名です。

このように、グロムイコはキッシンジャーを高く評価しているのに比べ、ブレジンスキーについては回想録で一言も触れていないのが興味をそそります。ブレジンスキーの反露、時には嫌露的な態度が、グロムイコが評価しなかった理由かもしれません。ブレジンスキーはソ連崩壊後のロシアについて、三分割論を唱えるなど依然として嫌露姿勢を鮮明にしています。オバマ大統領の対露姿勢がブレジンスキーに影響されていたことは容易に想像されます。遡れば、オバマがコロンビア大学の学生であった時に教授のブレジンスキーの国際政治学の講義を受けたものと思われますが、この頃からブレジンスキーのロシア観に影響を受けていたとしても不思議ではありません。２００８年の民主党大統領選候補にオバマを推薦したのはブレジンスキーであり、民主党の重鎮であるブレジンスキーの後ろ盾を得たことで、いわば無名に近かったオバマが一躍有力候補に躍り出て、最終的にヒラリー・クリントンに勝って民主党の指名を獲得したわけです。

後に述べるように、ブレジンスキーはオバマ大統領に期待していました。それは単にひいきの大統領というだけでなく、ブレジンスキーが描く世界の未来図を託すことができる最後の大統領という深刻な意味を持つものでもあったのです。

ブレジンスキーはロシアの弱体化を画策しており、その意味でネオコンのロシアに対する姿勢と親和性が認められるのです。それだけでなく、アメリカ主導の下で世界のグローバル市場化を達成するとの戦略目標を推進するという点でも、ネオコンの世界戦略と同一視されるところがあるのです。以下本書では、グローバル市場化の推進勢力の理論的中心的人物としてブレジンスキーを取り上げることとします。

グローバリズムとは何か

いま世界はグローバリズム対ナショナリズムの戦いの最中にあります。私たちが目にしている世界の様々な紛争も、元を辿《たど》ればグローバリズムとナショナリズムの戦いであるといえるのです。ところで、グローバリズムとは何でしょうか。私たちは、グローバル化時代とかグローバル人材の養成とか、日常生活の中でもグローバルという言葉を無意識的に使っています。グローバル化を与件としてとらえ、それにどう対処するかという議論が、小学校教育の現場でも行われているのです。例えば、グローバル人材の育成のために小学校で英語教育が始まりました。

しかし、グローバル化は綺麗ごとではありません。技術の進歩などによって、モノやカネや人の国境を越えた交流が盛んになってきたから、自然と世界のグローバル化が進んだのではありません。ブレジンスキーなどの世界戦略家が考えているグローバル化はもっと深刻な意味を含んでいるのです。彼らにとってはグローバル化とは世界経済への参入が自由に、ということは各国政府の規制なしに、行われることを意味します。

世界経済への自由な参入とは、企業の経済活動が世界を一つの市場として共通のルールの下で行われることです。つまり、国境によって市場が分断されることはないということです。国境管理が無くなるということは、国家が存在しなくなることと同義です。これをグローバル市場化と言います。以上をまとめれば、グローバル市場化による世界の統一を目指すイデオロギーをグローバリズムと言うことができます。本書でも今後グローバリズムをこの意味で使用することにします。

私たちが日ごろ何も意識せずに、「グローバル化は良いことだ」と思い込んでいる節がありますが、世界的な交流が拡大することと、グローバル市場化とは明確に区別しなければなりません。グローバルな物流や人的交流の拡大は、国家の存在を前提とした貿易や人々の往来の増大なのですが、グローバル市場化とは国家を無くするという意味が込められているのです。従って、グローバル市場化はイデオロギーなのです。

世界的規模で行われているグローバリズムとナショナリズムの戦いについては、後ほど詳しく述べることとしますが、ここではまずグローバリズムをどのように世界に広めて行くかの戦略について考えてみたいと思います。

三段階のレジーム・チェンジ方式

グローバリズムを標榜する人々、つまりグローバリストが唱えるように、「国境を越えての投下資本、商品や人の自由な流れが、世界経済の成長と民主的な制度をもたらす」（『ロックフェラー回顧録』新潮社）と果たしていえるのでしょうか。私たちがこれまで目にしてきた現実からは、どうもこのように楽観的になれそうもありません。しかし、たとえグローバル市場化の流れが必ずしも人々の福利を向上させることはないにしても、グローバル市場化は歴史の必然であると断言して憚《はばか》らない論客の一人が、ブレジンスキーなのです。

ブレジンスキーによれば、「国家の評価は民主化の程度だけでなく、グローバル化の度合いによってもなされるべきである」と述べた後、「グローバル化が公平な競争の機会を全てのプレーヤーに提供するといった考え方は、現実かどうかに関係なく、新しいグローバル化という教義に歴史的な正統性を与える重要な根拠になった」と論じているのです（『孤独な帝国アメリカ』朝日新聞社）。

お気づきのように、グローバル化というものは実際には世界に不公平をもたらすものではあるが、歴史的な必然の流れであるので、正統性を持つと断言しているのです。つまり、グローバル化は神話であるが歴史発展の正統性を持つので、人類が目指すべき方向であるというわけです。とするならば、グローバル化が遅れた国は歴史の発展から取り残されることになり、そうなれば当該国のみならず世界全体にとっても好ましくなくなる。だから、アメリカがグローバル化の不十分な国に介入することは正当化されるという結論になりうるのです。

このようなアメリカの他国への介入（時には軍事介入）外交を国際干渉主義といいます。２０１６年９月当時、アメリカ大統領選挙の真最中でしたが、トランプ共和党候補が掲げているのが国際不干渉主義（アメリカ第一主義）で、クリントン民主党候補は伝統的な国際干渉主義（世界の警察官）を主張していたのです。特に東西冷戦終了後のアメリカの国際干渉主義政策は、「善意による覇権」という綺麗ごとで正当化されることもありました。

そこで、各国をグローバル化するためにアメリカはどうするかといいますと、まず民主化を求めるのです。次に、民営化を要求します。そして最後にグローバル化を強要するのです。民主化とはまずは政治の民主化、具体的には複数政党による選挙の実施のことです。このような民主化をすれば、選挙に介入することが容易になり、民営化を推進する候補を陰に陽に応援することが可能になります。かくして、民営化が容易になります。民営化とは市場経済化を徹底させることですが、市場経済化が進みますと外資（アメリカ資本）が民営化された現地企業を買収することが容易になります。そうなれば、グローバル化が達成されたことになるのです。

これが、民主化→民営化→グローバル化という三段階のレジーム・チェンジ方式なのです。このレジーム・チェンジ方式が、アメリカのいわゆるユニラテラリズム（一国行動主義）の思想的根拠になったのです。

ブレジンスキーはなぜオバマに期待したのか

先に、ブレジンスキーがオバマ大統領に期待していたと述べましたが、それは単に期待というより、むしろある種の悲壮感が漂う程の深刻な意味を持っていたのです。自著『Second Chance』の中で、ブレジンスキーはオバマ大統領がアメリカのリーダーシップの下でグローバル・コミュニティ、すなわちグローバル市場化を構築することができるかどうかが、アメリカにとって第二のチャンス（Se cond chance）である。アメリカは東西冷戦勝利後唯一の超大国になったにもかかわらず、父ブッシュ、クリントン、息子ブッシュの各大統領は、グローバル・リーダーとしての地政学的役割を果たすのに成功しなかった。すなわち、最初のチャンス（First chance）を逃してしまった。もしオバマが失敗すれば第三のチャンス（Third chance）はない、と断定しているのです。

ブレジンスキーは第三のチャンスがない理由を述べていませんが、どうも世界最終戦争（ハルマゲドン）を想定しているのではないかと思えてなりません。オバマ大統領がアメリカ単独行動主義を避け、ソフトパワーを駆使することによっても世界のグローバル市場化を実現できなかった場合は、第三次世界大戦に訴えるといった強硬手段しか残されていないという戦慄の予言であると考えられるのです。これが「まえがき」で指摘した、世界統一を目指してグローバリズムを推進している勢力が戦争に訴えても強制的にグローバル市場化を達成しようとしているという意味です。

東欧カラー革命やアラブの春に見るレジーム・チェンジ

２００３年の末から旧ソ連構成国で吹き荒れたいわゆる「東欧カラー革命」は、このレジーム・チェンジを実践した例です。既に、自著で「東欧カラー革命」の実態については説明してきましたので（例えば『国難の正体』）詳細は省きますが、グルジア（現ジョージア）、ウクライナ、キルギスでの政権交代は、いずれも選挙の不正をきっかけに生じたものでした。選挙が不正であるかどうかを判断したのは、各国の選挙管理当局ではなく、各国内で活動していたＮＧＯでした。これらＮＧＯの告発で大規模なデモが発生し、最終的には政権を打倒したのです。ところが、これらのＮＧＯは外国、主としてアメリカのＮＧＯと連携していたことが明らかになっています。アメリカの国務省には、各国の民主化を支援する基金まであり、国務省の支援の下に世界的規模で行動しているＮＧＯがこれら当該国のＮＧＯを事細かに指導していたのです。

２０１６年9月3日、死亡したカリモフ・ウズベキスタン大統領の葬儀が行われました。カリモフ大統領の死去はすぐには公式に公表されませんでした。この事実がカリモフ氏死亡の深刻さを如実に物語っています。各国のメディアは、四半世紀にわたり独裁者として君臨したカリモフ大統領の死によって後継者を巡る権力闘争が激化し、イスラム過激派が台頭する危険を報じています。

しかし、今回の大統領死去に伴うウズベキスタンの予想される混乱は、決してウズベキスタンだけの問題にとどまりません。実は、一連の東欧カラー革命のキルギスの次のターゲットはウズベキスタンだったのです。しかし、この際は、アメリカの政権転覆のやり方を既に学んでいたカリモフ大統領とプーチン大統領が協力して民主化運動を鎮圧しました。これによって、一連の東欧カラー革命の連鎖が断ち切られたのです。この後、東欧諸国では欧米化民主化運動が一旦下火になりました。

ところが、今回のウズベキスタンの情勢は、ウクライナ危機やシリア内戦などで守勢に回っているネオコン勢力にとって起死回生の機会を与えることになりかねないのです。つまり、ウズベキスタンの混乱を利用して第二の「ウクライナ危機」を画策する可能性があるからです。何度も繰り返しますが、ウクライナ危機とはプーチン包囲網の一環です。従って、ウズベキスタンで民主化デモが発生するか否かが鍵になります。もし、民主化デモが起これば、プーチン大統領に対する包囲網が一層狭まることを意味します。そうなると、プーチン大統領としても黙っていることはできなくなるでしょう。

もう一つの可能性はＩＳがウズベキスタンで勢力を拡大する可能性です。ウズベキスタンはイスラム教スンニ派が多数を占める国ですが、独立以来イスラム国家樹立運動の中核を担ってきたのがスンニ派のイスラム原理主義組織「ウズベキスタン・イスラム運動」（ＩＭＵ）です。カリモフ政権はＩＭＵなどのイスラム過激派勢力を弾圧してきました。これに対し、ＩＭＵはカリモフ政権に「ジハード」を呼び掛けて、両者の対立が今日まで継続しています。特に、2005年5月に武装勢力による反カリモフ暴動が勃発した東部フェルガナ地方の騒擾《そうじょう》事件が、折からの大統領の退陣を求める大規模デモと重なって、治安部隊の弾圧で500人以上が死亡するという大惨事に至りました。これが、先に述べた東欧カラー革命のウズベキスタン版です。この時は、カリモフ大統領が力でデモ隊などを鎮圧したため、政権転覆は起こりませんでした。

しかし、フェルガナ地方を拠点として勢力を拡大しているＩＭＵは、ＩＳに忠誠を誓っていると言われており、ウズベキスタン新政権にとって実に不気味な存在です。今回のカリモフ死亡後の政情不安を利用してＩＳの影響力が強まり、ＩＭＵが武力闘争を強化する可能性は十分にあります。ＩＳ及びその背後にいるネオコン勢力が、シリアに次いでプーチン追い落としのための反政府武装闘争をＩＭＵと共に開始することになるのか注目されます。伝統的に言われてきたように、中央アジアはロシアの安全保障にとって「柔らかい下腹部」なのです。私たちは、ウズベキスタンの去就を注意して見守る必要がありそうです（２０２２年現在、目立った動きはありません）。

アラブの春とは何だったのか

ここで、本題に戻します。今から10年前に東欧カラー革命は一旦頓挫しましたが、しかし、これでネオコン勢力による「民主化」のための政権転覆運動が終わったわけではありませんでした。２０１０年になって、チュニジアで民主化運動が勃発したのです。チュニジアで騒動のきっかけになったのは、女性警官が不法に屋台を出していた男に注意したところ、それを侮辱されたとして焼身自殺したことが発端です。

しかし、この事件で注目されるのは、チュニジアは男性優位のイスラム社会にあって女性が警察官を務めるという開放された世俗社会であったのです。アメリカなどの典型的見方は元世界銀行副総裁兼チーフエコノミストのジョセフ・スティグリッツが示してくれています。彼は、「チュニジアとエジプトの独裁政権に対する若者たちの蜂起は、心情的に理解できる。社会を犠牲にしてみずからの既得権益を守ろうとする、凝り固まった老人だらけの指導層に彼らは嫌気がさしていた」（『世界の99％を貧困にする経済』徳間書店）と、さもチュニジアの現場を見てきたような印象を述べています。しかし、スティグリッツはチュニジアがアラブ世界で最も西欧化された国である事実には目をつむったままです。エジプトでも、確かにムバラク大統領は30年にわたって権力の座にありましたが、アラブ世界の盟主としての地位をそれなりに維持してきました。エジプトも世俗化が進んだ社会でした。

アラブの春とは、まともな世俗政権を民主化運動の名のもとに打倒して無法状態を作り出し、イスラム過激派テロ集団を台頭させることが目的でした。これは、一見すると、民主化→民営化→グローバル化の三段階政権交代方式から逸脱しているように感じられるかもしれませんが、基本的にはグローバル化の一環なのです。つまり、国家を無法状態に追い込み経済の破綻状態を齎《もたら》すことは、グローバル化戦略の一部であるのです。後に詳述しますが、破綻国家も市場の一種なのです。

市場とは何か

以上、グローバル化とは何かについて様々な角度から考えてきましたが、ここでグローバル化の第二段階でもある市場経済化の正体、すなわち「市場」とは何かについて検証してみたいと思います。本書で取り上げる市場は日々経済ニュースとして流されている株価や為替などの個々の市場の技術的な側面ではありません。歴史的に見て、市場はどのような役割を果たしてきたかというマクロ的な視点から見た市場の意義のことです。

今日の市場の意義について、その本質を突いた説明をしたのがユダヤ系フランス人のジャック・アタリです。私たちは彼の名前を記憶しておく必要があります。かつて、ミッテラン大統領の補佐官を務め、冷戦終了時の東西ドイツ統一などの問題にミッテランの代理としてヨーロッパ首脳と協議するなど、ヨーロッパのキッシンジャーと呼ばれた男です。それだけなら過去の人物といえますが、現在に至るもフランス政界のみならず世界的にも隠然たる影響力を持っています。それ故に、わが国のメディアもアタリを何かと頼りにしている節が窺えます。後に移民問題について論じる際にも彼に言及しますが、グローバル市場について彼ほど明確に、かつ確信をもって論じている知識人はいないからです。

アタリは『21世紀の歴史』、『金融危機後の世界』、『国家債務危機』など２００８年のリーマンショックを挟んで出版した著作の中で、グローバル市場化を経て世界が統一されるとの青写真を描いているのです。彼によれば、世界統一の前提となるのが、市場が国家に勝利するということです。では、彼の言う市場とはいったい何なのでしょうか。アタリは、『21世紀の歴史』（作品社）の中で、21世紀初頭の世界の現状を次のように述べています。

現状はいたってシンプルである。つまり、市場の力が世界を覆っている。マネーの威力が強まったことは、個人主義が勝利した究極の証であり、これは近代史における激変の核心部分でもある。すなわち、さらなる金銭欲の台頭、金銭の否定、金銭の支配が、歴史を揺り動かしてきたのである。行き着く先は、国家も含め、障害となるすべてのものに対して、マネーで決着をつけることになる。

現在の世界を的確に描写するとともに、恐ろしい近未来を予言しているのです。しかし、彼の文章は平易ですが、その深い意味を理解することは容易ではありません。その理由は、私たちはマネーの秘密について教えられていないからです。「マネーの威力が強まったこと」がなぜ「個人主義が勝利した究極の証」なのでしょうか。どうしてこれが、「近代史における激変の核心部分」なのでしょうか。これらを理解することが、グローバル市場とは何か、グローバリズムとは何を目指しているのかを理解することに繋《つな》がっているのです。

マネーとは何か

アタリは、市場の力はマネーの力だと述べています。マネーが市場を支配しているというのです。マネーの威力は個人主義と結びついていると断定しているのですが、マネーと個人主義とがどういう関係にあるのか、私たちにはピンと来ないのです。個人主義とは、言い換えれば利己主義、さらに言えば利益追求を至上の価値とする生き方であることを示唆しています。まず、この辺りからして私たちにはなかなか理解が難しくなります。しかし、まさにこの点こそ、「市場」の正体を的確に理解する上で私たちが身に着けるべき不可欠の思考方法なのです。

結論を先に述べれば、マネーを支配するものが世界を支配するということなのです。18世紀の末にフランクフルトの両替商マイヤー・アムシェル・ロスチャイルドは「自分に通貨の発給権を認めてくれれば、法律は誰が作っても構わない」と豪語したと伝わっているように、通貨（マネー）の供給者こそマネーの支配者であり、市場の支配者ということになるのです。

このロスチャイルドの願い通り、今日通貨発給権を持つ各国の中央銀行は民間銀行なのです。アタリが喝破したように、個人主義の勝利とは、個人が通貨を発給することが確立されたことを意味しています。マネーを支配するものが世界を支配するとの定石は、マネーを創造するものが世界を支配するということを意味しており、マネーを創造する民間中央銀行の株主が世界を支配する体制が築かれたのです。

従って、個人主義の勝利とはマネーを供給する個人（私人）が市場の勝利者であるということです。しかも、この事実が近代の歴史変化の核心だと言うのですから、マネーを供給する私人が歴史に登場するようになって、近代史は変わったということを鮮明にしているわけです。歴史はマネーを供給する私人が動かしてきたということになるわけです。

ちなみに、近代最初の民間中央銀行の設立は1694年のイングランド銀行です。当時の金融資本家たちは戦費がかさんだイギリス国王ウイリアム三世に120万ポンドを融資し、その代わりに同額の通貨発給権を認められたのでした。このように、国王の負債が通貨を生むという近代の錬金術が完成したわけです。その後、イギリスの金融資本家は、世界各国に民間の通貨発給銀行を設立してゆきます。

イギリスの金融資本家たちが最も力を入れたのは1776年にイギリスから独立したアメリカでした。彼らはアメリカの金融を支配すべく、民間中央銀行の設立を強く働きかけました。イギリス（ロンドン・シティ）の意向を受けてアメリカの中央銀行設立に動いたのが、初代の財務長官アレクサンダー・ハミルトンです。強力な連邦政府を支持する中央銀行派はフェデラリスト（連邦派）と称されました。これに対し、連邦各州の権限を重視するベンジャミン・フランクリンやトーマス・ジェファーソンらが中央銀行設立に強硬に反対しましたが、フランクリンの死（１７９０年）の翌年に民間中央銀行の合衆国銀行が設立されたのです。合衆国銀行株の80％は民間銀行が所有し、政府は20パーセントでした。

但し、合衆国銀行の認可期間は20年であったため、20年後に更新を巡り議会を二分する争いになりましたが、議会は一票差で更新を否決したため、中央銀行は廃止されたのです。しかし、まさに翌年米英戦争が勃発し、アメリカ政府は多大の債務を抱える羽目になりました。ここに、中央銀行派が巻き返して、１８１６年に第二合衆国銀行（20年期限）が設立されたのです。そして、20年後にまた中央銀行存続問題が再燃しました。この時、あくまで中央銀行の存続に反対して、第二合衆国銀行を廃業に追い込んだのが、時のアンドリュー・ジャクソン大統領でした。

以後、アメリカでは中央銀行不在の時代が続くわけですが、ついに決着の時を迎えました。１９１３年、ウイルソン大統領の署名を得て１００％民間所有である中央銀行、連邦準備制度理事会（ＦＲＢ）が設立されたのです。しかし、ＦＲＢは大統領選挙においてもトランプ候補がイエレンＦＲＢ議長の首を挿《す》げ替えると非難したなど、設立以来今日に至るまで論争が行われている問題なのです。中央銀行を巡る攻防はアメリカ史そのものといっても過言でないくらい大変興味ある問題ですが、とても紙幅の余裕がありません。興味ある方は、拙著『国難の正体』を参照してください。ここで強調しておきたいことは、民間の中央銀行が通貨を発給する限り、国家は赤字予算を賄《まかな》うために中央銀行から借金をしなければならないという現実です。前記のアタリの指摘がストンと腑《ふ》に落ちると思います。

国家と債務

この法則を言い換えると、国家も私人によるマネー供給に依存しているといえます。現にアタリは、「国家の歴史とは、債務とその危機の歴史である。歴史に登場する、様々な都市国家・帝国・共和国・独裁国家も、債務によって栄え、債務によって衰退してきた」と指摘しています（『国家債務危機』作品社）。

このように指摘されると、私たちは何となく頷《うなず》いてしまいますが、実はこの短い文章の中に歴史の秘密が隠されているのです。国家が債務を負う、つまり借金するということは、誰かが国家に金を貸しているということを意味します。そこで、アタリが言っていることを裏返して表現しますと、「国家の歴史とは、国家に金を貸すものの歴史である。歴史上出現した様々な国家は、国家の債権者によって栄えさせられ、衰退させられてきた」ということになるのです。

先に述べましたように、国家に金を貸すものとは、まずはその国の中央銀行なのです。国家が赤字国債を発給した場合、中央銀行が引き受けます。典型的なのはアメリカで、アメリカ連邦政府はドルを必要とする際はＦＲＢに国債を買ってもらうわけです。このように、アメリカはドルを発給するごとに政府の負債が増えるということになっています。次に国家が発給する国債を買うのは内外の投資家や金融機関です。

わが国の場合は、中央銀行の日本銀行が国債を直接引き受けることは禁じ手とされていますが、超金融緩和政策の結果、事実上日銀が国債を引き受けているといってもよい状況にあります。しかし、日銀が国債をいわば無制限に買い入れるとなると、事実上日本政府が円を発給しているのと同じ事態になってしまいます。違いは、国債にはたとえ超低金利とはいえ利子が付くことです（現在はマイナス金利ですが）。

なぜこのような問題が生じるかといえば、政府が通貨発給権を持っていないからです。私たちは無意識のうちに洗脳されて、政府は予算が赤字になった際は支出の削減か、赤字国債の発行か、はたまた増税か、これらの選択しか方法がないと思い込んでいます。しかし、誰も政府自ら通貨を発給すればよいという解決策を示すことはないのです。素直な疑問は、なぜ政府は通貨を発給してはいけないのでしょうか。

この問いに対し、元世銀副総裁のジョセフ・スティグリッツが明確に答えています。２００１年にノーベル経済学賞を受賞した世界的経済学者は、中央銀行は政府から独立した機関でなければならないとして、「もし中央銀行が政治権力の言いなりであったら、政治家たちはコストを遠い未来に押しつけて、目先の利益を得るために金融政策を操作するだろう」（『世界の99％を貧困にする経済』）と論じています。多くの方は、なるほどそうだと納得されたのではないでしょうか。

しかし、このスティグリッツの主張は間違っています。彼は、通貨発給権を持つ中央銀行が政治家の支配下にあれば、政治家が悪用すると断言していますが、では通貨以外の分野では政治家が悪用してもよいと言うのでしょうか。現に、選挙いかんにかかわらず通貨政策を除き政治家（政府）が政策を遂行しています。スティグリッツのこの論理を厳密に当てはめれば、政府（政治家）はいかなる政策も選挙目当てになるので実行してはならないという結論になるはずです。つまり、政府は不要であるということになってしまいますが、これが現実に即していないことは自明のことです。スティグリッツは通貨問題には政府を関与させるべきではないと言っているのですが、その理由が破綻していることがおわかりいただけたと思います。

さらに、スティグリッツの論理を裏返せば、民間の中央銀行は株主の利益のために通貨発給権を悪用するという結論になります。政治家が選挙目当てに通貨発給を悪用するのなら、民間所有の中央銀行は民間金融資本家が有利になるように通貨発給を悪用することになるのも、火を見るよりも明らかではありませんか。FRBの歴史を見れば、実際彼らの利益になる通貨政策を取ってきています。スティグリッツなど中央銀行を擁護する経済学者たちは、中央銀行は民主的な政治プロセスから独立している必要があり、中央銀行の運営状況についての外部への説明責任も限定的であるべきだ、と強調していますが、要するに彼らは中央銀行は独裁的でなければならないと断じているのです。マネーの支配者は国民の監視から超越している必要があるとするなら、マネーの支配者は一握りの寡頭勢力ということになります。現に、市場はこの一握りの寡頭勢力が支配しているのです。だからこそ、アタリが自信を持って、「市場の共感によってこそ、国家のサバイバルは可能になる」(同上)と言い放つことができるのは、国家生存の鍵を握っているのは、国家に金を貸している私人が支配する市場だからです。これこそ、これまで私たちに隠されてきた歴史の真実なのです。彼らが巧妙に隠してきたという面もありますが、私たちにも落ち度があったといえます。私たちが歴史を学ぶに際して、通貨の持つ意味を軽視してきたからです。これまでの歴史学者は、国家の債務と債権者との関係に触れてきませんでした。誰が国家に金を貸しているのかに関心を示さなかったのです。歴史家の無関心の理由が故意か過失かは判然としませんが、結果として私たちの目から歴史における金融の役割が隠されてきたというわけです。

国家が民営化される

そこで、先に引用したように、「行き着く先は、国家も含め、障害となるすべてのものに対して、マネーで決着をつけることになる」とのアタリの予言が、今日の世界においていよいよ現実味を帯びてきていることが実感されます。つまり、アタリはマネーの自由を制限する国家はマネーの力によって民営化されると、国家に対し挑戦状をたたきつけているのです。アタリの予言は中途半端ではありません。アタリは、グローバル市場化が進めば、市場が唯一の法になると言っていますが、これは市場のルールが世界のルールになるということです。私たちの日ごろの生活も、市場のルールによってコントロールされるという未来なのです。

アタリは続けて、このように市場が唯一の法である世界においては、「軍隊・警察・裁判所も含め、すべてが民営化される」、すなわち国家が民営化されると宣言しています。

私たちは既に本来国家の固有の機能であるべき行政機関の一部が民営化された

事態を目撃しています。例えば、アメリカの一部の州では刑務所が株式会社化されています。民間企業が刑務所を運営し、着実に利益を上げているのです。投資家にとって、刑務所はローリスク・ハイリターンの確実な投資先です。犯罪者は減ることはありません。刑務所を運営すべき自治体は財政赤字に悩んでいます。自治体の予算が刑務所需要に追い付かないわけです。

軍事分野でも民間企業が進出しています。イラク戦争の際に、アメリカの民間軍事会社ブラックウォーターが有名になりましたが、今アカデミと名前を変えてウクライナ東部での戦闘などに傭兵《ようへい》を送り込んでいます。軍隊まで民営化されるということは、グローバル市場化が進んだ現在、戦争の定義そのものが変質しつつあることを示しています。近代における戦争とは、国家の軍隊同士の戦いでした。現在でも、この戦争の形が依然として主流ではありますが、ウクライナ東部や中東各地におけるイスラム過激派などによる戦闘は、従来型の国家対国家の戦争ではなく、民間の武装勢力同士の戦い、すなわち民営化された戦争なのです。

民営化された戦争がいかに危険であるか、私たちは注意しなければなりません。民営化された戦争には国民の民主的なコントロールが及ばないのです。宣戦布告行為が必要ではありませんから、議会の意向は無視されるのです。民間軍事会社ならば、利益を上げるために絶えず戦争が必要になります。中東などでイスラム過激派によるテロ戦争がなぜ止まないのか、答えは実に簡単です。民間軍事会社が必要としているからです。

例えば、先に述べたウクライナ東部の戦闘を取り上げると、よくわかります。プーチン大統領とポロシェンコ大統領との間で停戦が合意されました（２０１５年２月）が、現在に至るも停戦は実施されていません。その理由は、現場で戦闘に従事しているウクライナ政府側に雇用された傭兵とロシア系勢力が雇い入れた傭兵が戦闘を止めないからです。また、シリアにおいては、ロシアとアメリカが共同でアサド政権と反体制派との間の停戦の仲介を行いました（２０１６年９月）が、実際の戦闘の現場では守られることがないのです。

警察機能も民営化されつつあります。わが国においても、セキュリティ会社が増えてきました。社会の治安を維持する重要な役目を民間企業が担っているのです。最近では職場に入るにも民間のセキュリティ会社の検問を通ることが、普通のようになってきました。私たちの身近な分野にも民営化が浸透しています。教育や医療です。アベノミクスの第三段の成長戦略の一環として、特区を設けこれらの分野での民営化推進の実験が行われています。

もう一つ民営化の危険を挙げれば、農業です。農業がなぜ民営化されてはいけないのかとの疑問を持つ読者も多いかと思いますが、農業は民営化、つまり民間企業が従事することには大きなリスクがあるからです。いうまでもなく、民間企業の第一の目的は利益を上げることです。従って、赤字になれば農業から撤退してしまうのです。食糧生産は、赤字になれば撤退してよいといった事業ではありません。だからこそ、従来農業には様々な保護政策が行われていたのです。農業は国民の命がかかる問題です。一時的な企業成績を上げるために代替の利かない農地を農薬漬けにしてしまえば、その農地の生産高は漸減してしまい、やがて作物が実らない土壌に劣化してしまいます。

以上、本来国家の行うべき事業や利潤追求を目的にすることに適していない農業などが民営化（企業化）されてしまうと、何よりも国民がその被害を蒙《こうむ》ることになるのです。「民でできるものは民で」などといった感情に訴える政治スローガンに惑わされてはなりません。

破綻国家も市場である

民営化の別の側面は、いわゆる破綻国家です。１９９０年代以降のソマリア、２００１年以降のアフガニスタン、２００３年以降のイラク、２０１１年以降のリビア、２０１３年以降のシリアなどを破綻国家として挙げることができます。ソマリアでは、既に20年以上にわたり無政府状態が続いています。しかし、ソマリア沖の紅海に海賊が出没し、各国の船舶に損害が出ているにもかかわらず、国際社会はソマリアに無関心なのです。

今や、海賊はビジネス化しています。ソマリアの海賊組織に投資している国際投資家がいるほどです。統治能力を持った政府が存在しないので、ソマリア内の海賊は海外からの投資を受けて自由に海賊活動に従事しているというわけです。ジャック・アタリは、国家が民営化された社会では、あくなき欲望闘争が起こると予言しています。ソマリアなどの破綻国家は政府が崩壊して無法状態にあるのですが、これは形を変えた国家の民営化状態と言うことも可能です。

このような状態にある破綻国家では、イラクや、シリア、リビアに見られるように、過激派武装集団が容易に生まれることになります。これら武装集団の活動は政府の掣肘《せいちゅう》を受けずに、自由に民営化されたテロ戦争を遂行しているのです。逆にいえば、過激派武装集団を作るために、まともな政府を転覆して無法状態を作り出していると考えることも可能なのです。先に述べたように、テロ戦争とは民営化された戦争であることの意味がおわかりいただけたのではないでしょうか。

世界統一政府の樹立

さて、以上アタリが予言しているように、もし国家が民営化されたら私たちの住むこの世界は一体どうなるのでしょうか。これに対しても、アタリは明確な回答を準備しています。国家が消滅した市場万能社会では、人類の欲望をコントロールすることが不可能になり、人類は滅亡の危機に瀕することになる。そこで、人類の滅亡を防ぐ道は、世界統一政府の樹立しかないと私たちに究極の選択を押し付けているのです。

２００８年のリーマン危機後の著作（『金融危機後の世界』や『国家債務危機』）で、アタリは世界各国が抱える膨大な債務問題を解決するには、地球中央銀行や世界財務機関の設立しかないと強調しているのです。地球中央銀行とは、世界共通通貨を発給する世界で唯一の中央銀行ということになりますし、世界財務機関とは世界の諸地域の予算配分を一元的に決定する権限を持った機関ということです。つまり、この二つの機関ができれば、事実上の世界統一政府が樹立されると宣言しているわけです。

このような世界を理想としている勢力はジャック・アタリだけではありません。アタリよりも私たちに馴染《なじ》みの深い、アメリカの大富豪で高名な国際銀行家のデヴィッド・ロックフェラーは、回顧録の中で世界統一を目指してきたとして、こう述べています（『ロックフェラー回顧録』新潮社）。

（ロックフェラー家がアメリカの政治や経済に過大な影響を及ぼしたと攻撃した人々に反論して）なかには、わたしたちがアメリカの国益に反する秘密結社に属していると信じる者さえいる。そういう手合いの説明によると、一族とわたしは〝国際主義者〟であり、世界中の仲間たちとともに、より統合的でグローバルな政治経済構造を——言うなれば、ひとつの世界を——構築しようとたくらんでいるという。もし、それが罪であるならば、わたしは有罪であり、それを誇りに思う。

改めて解説する必要もないほど明確に、ロックフェラーは世界統一政府樹立のために働いてきたことを告白しているのです。それも、世界中の仲間たちと共に世界政府を目指して活動してきたというわけです。この仲間の中にジャック・アタリが含まれることは、言うまでもありません。このように、世界政府樹立は決して空想物語ではないのです。ロックフェラーのような世界的大富豪が堂々と告白しているのですから。彼の言うように、世界統一政府を目指す人々が国際主義者なのです。言い換えれば、グローバリストともいえます。先に述べた、ズビグニュー・ブレジンスキーもジャック・アタリも、ジョセフ・スティグリッツも、デヴィッド・ロックフェラーもグローバリストなのです。世界中のグローバリストたちが世界統一を目指して運動しているのです。この現実が今世界を覆っているグローバリズムの正体です。

ロックフェラーが「世界中の仲間たち」といった意味を具体的に述べますと、国際銀行家たちの世界ネットワークを指しています。さらに言えば、ロックフェラーの銀行がＦＲＢの株主の一人であることを考えますと、世界各国の中央銀行のネットワークが世界統一政府構築のための推進グループだといえるのです。その頂点に位置するのが、国際通貨基金（ＩＭＦ）と国際決済銀行（ＢＩＳ）です。彼らは、年中会合し、意見交換をしています。

アメリカの高名な歴史学者で、ビル・クリントン元大統領が師と仰ぐキャロル・キグリーは「世界の政治経済を制覇するために、民間の手による世界金融支配システムを創造することをめざす、金融資本家たちの国際的ネットワークが存在する」と指摘しています（『悲劇と希望』）。

ロックフェラーが前記の回顧録の中で自らを国際主義者と任じていることが、今回のアメリカ大統領選挙の最大の焦点になっていたのです。トランプ候補は特に東西冷戦後のアメリカの歴代大統領が国際主義外交、つまり国際軍事干渉政策を展開してきたことに強く反対して、アメリカ第一主義、すなわちアメリカの国内問題を優先しようと訴えて、人気を博したことに関連が出て来るのです。アメリカ大統領選挙の歴史的意義については、後に詳しく論じる予定です。

21世紀の民族大移動シリア難民

以上、これまでグローバリズムの様々な側面を検証してきましたが、最後に移民問題をどうしても取り上げなくてはなりません。なぜなら、移民の自由化、すなわち国境を越えたヒトの移動の自由化が、グローバル市場の完成のために必要な最後の要件なのです。ブレジンスキーの言葉を待つまでもなく、グローバル化とはモノ、カネ、ヒトの国境を越えた自由な移動のことですが、この三者のうち一番遅れているのがヒトの移動の自由化なのです。従って、ヒトの移動の自由化が実現しない限り、グローバル化は完成しないのです。そう考えますと、昨年からなぜシリア難民のEUへの大量移入が始まったのか、その背景が理解されます。

もちろん、シリア難民の中にはシリア内戦の結果住むべき住居を破壊され、仕事を奪われ、生活の手段を持たずやむなく難民にならざるを得なかった気の毒な人々が少なくないのは、確かなことでしょう。しかし、大量の難民の中には、衣服や持ち物も裕福そうで、スマホを使ったり、英語を流暢《りゅうちょう》に話す人たちも見受けられました。EUへの移民希望者の渡航をアレンジする難民ビジネスの存在も明るみに出ています。あまりに多くの難民が押し寄せたため、ドイツへのルートに当たるハンガリーなどのＥＵメンバー国が国境にフェンスを立てるといった事態にまで状況が悪化しました。映像で流れてくるフェンスを掻い潜ろうと国境警備隊とにらみ合いを続けている夥《おびただ》しい難民の表情を見ていると、これは単に戦乱や迫害から逃れざるを得なかった難民というより、新しい天地を求める民族大移動という印象を強く持ちました。

今回の難民騒動が不思議なのは、ＥＵが難民受け入れの最大の被害者であるにもかかわらず、シリアでの戦闘が止むことなく続けられていることです。難民流出の元凶を解決しようという努力が、肝心のＥＵからは出てきていないことです。先にも述べましたように、シリアの内戦を終わらせるべく現在リーダーシップを発揮しているのはロシアなのです。

ところで、ＥＵ難民問題の解決策を握っている主要国がトルコです。一旦トルコに逃れたシリア難民は、トルコからＥＵのメンバーである隣国ギリシャを目指して移動しました。トルコ内には２００万人ものシリア難民が一時滞在するようになっていたのです。先に述べましたように、シリアに対するトルコの態度は複雑ですが、トルコが大量のシリア難民を自国に受け入れた理由は、今一つはっきりしないものがあります。

いずれにせよ、結果的にはトルコはEUが送還した不適格難民を再度受け入れることで、EUからかなりの協力金を受領することになりました。国際政治の現実は、難民すら取引の材料になってしまうわけです。トルコは大量のシリア難民流入で深刻な影響を受けているにもかかわらず、エルドアン大統領は国連難民サミット（2016年9月19～20日）における演説において、トルコは引き続き難民にドアを開放し続けると強調しました。

他方、潘基文《パンギムン》国連事務総長（当時）はこのサミット開幕式で、「より良い生活を求めて避難する全ての人の権利や尊厳を守るため、全力を傾けよう」と加盟国に呼びかけました。しかし、より良い生活を求めて他国に移住を求めることは、果たして全ての人の権利なのでしょうか。これら移民希望者は全て尊厳に値するのでしょうか。国連事務総長の発言は、移住を求められた国は例外なく彼らの要求を受け入れる義務があると言わんばかりの強圧的な発言です。彼の発言から、国連は移民を奨励していることが窺えます。私たちは、国連が難民や避難民を受け入れるのは加盟国の義務だと言っているとして、わが国も受け入れるのが当然だとナイーブに考えてしまう傾向があります。しかし、現実は決して綺麗ごとでは片付かないのです。ＥＵの現状を見てみればわかりますが、難民受け入れの深刻なディレンマに直面していたのがメルケル首相（当時）のドイツでした。

反移民政党が躍進するドイツ

ドイツのメルケル首相がかっこよく難民受け入れを標榜して、一時はその人道的姿勢が特にメディアから称賛されました。メルケル首相の発言を頼って、２０１５年には約１１０万人もの難民がドイツに流入しました。当初は歓迎していたドイツ国民も、流入する数の多さや２０１５年末にケルンなどの都市で発生したアラブ人による集団婦女暴行事件や難民によるテロ事件の発生などの結果、今や難民政策の非難の矛先をメルケル首相に向けるようになりました。メルケル首相の支持率は見る見るうちに激減しました。

それに反比例するかのように、国民の間で支持を伸ばしてきたのが、移民受け入れ反対を唱える「ドイツのための選択肢」なのです。「ドイツのための選択肢」は着実に勢力を伸ばし、既に10州の議会で議席を得るに至っています。フランスの国民戦線などの反移民政党と同様、メディアや知識人からは極右政党と呼ばれていますが、実態は極右といったものではなく、愛国政党といった方が実態に近いでしょう。移民政策に懐疑的な国民の支持を得て地方選挙で得票率を飛躍的に伸ばし、最近の２０１６年９月４日に行われた旧東独のメクレンブルク・フォアポンメルン州の州議会選挙では、ドイツ社民党に次ぐ第二党に躍進したのです。

この州選挙が注目されたのは、メルケル首相の地元であり、２０１７年の連邦議会選挙の行方を占う意味があったからです。メルケル首相のキリスト教民主同盟（ＣＤＵ）は第三党に甘んじてしまいました。さらに、その後のベルリン市における議会選挙でもＣＤＵは議席を減らしました。この結果、２０１７年の総選挙におけるメルケル首相の勝利は厳しくなったのです。そのため、さすがのメルケル首相も、その後の記者会見（２０１６年９月19日）で難民受け入れ政策の見直しを示唆する発言を行ったと報じられたのです。ところで、ＥＵ加盟国の中で移民受け入れ問題にいち早く反応したのがイギリスでした。

イギリスのEU離脱は移民問題

２０１６年6月23日の国民投票においてイギリス国民はEUからの離脱を選択しました。この国民投票を巡り、世界のメディアや知識人はイギリス人がEU残留という理性的な選択をするよう圧力をかけました。彼らは、EU離脱派は大衆迎合主義者だと口汚く非難を繰り返しました。わが国のメディアも押しなべて、イギリスがEUを離脱すれば世界経済は停滞し、その影響はわが国にも及ぶとして離脱しないように求めていました。世界が、残留派が勝つように応援していたといってよいくらいでした。

しかし結果は、離脱派が数ポイントの差をつけて事実上快勝したのです。快勝したとあえて断定する理由は、このような残留派への内外の応援があったにもかかわらず、離脱派の意思が明確に示されたからです。投票直前に、残留派の女性国会議員（労働党）が選挙区で暗殺されるという事件が起こりました。これを機に、一時残留派が勢いを盛り返すといった流れも出てきました。しかし、イギリス国民は、最終的にはEUからの離脱を選択したわけです。

本書の関心は、離脱選択の大きな要因となったのが、新興EUメンバー国からイギリスへの移民問題であり、経済運営が稚拙なギリシャの債務危機であった点にあります。これらの問題の根底にあるのは、ＥＵが掲げる「平等」という理念上の建前と、「不公平感」という現実の国民感情との相克でした。メンバー国間のヒトの移動の自由を認めるＥＵの原則の結果、ポーランドなどの経済後進国から経済的に豊かなイギリスへと職を求めて移民が流入する結果になりました。これらの東欧低賃金労働者がイギリス人の雇用を奪っていったことは、想像に難くありません。イギリスの労働者、とりわけ中流以下の労働者にとっては、ＥＵの崇高な理念よりも現実に生活が脅かされている事態の方が深刻な問題であったのです。

この一般国民の心理は、ギリシャ救済問題についても同じように働いたといえます。メンバー国の窮状を救うという建前も、言ってみれば、なぜ毎日汗水たらして真面目に働いている自分たちの税金で賄わなければならないのか、という不公平感です。有り体に言えば、弱い国が強い国の負担の下に、利益を享受できるという「平等」の幻想に、嫌気がさしたといえるのです。

このようなイギリス国民の不公平感は、私たちに対して、汲《く》み取るべき大きな教訓を与えていると思えてなりません。一般化していえば、マイノリティー優遇策は結局マジョリティーに対して不公平感を与え、社会を分断する危険を宿しているということです。人権尊重や人道主義といった綺麗ごとが、実は社会の分裂をもたらす種を宿しているという現実に、私たちはこれから真剣に向き合う必要が出てきたのです。

平等という理念は、実際の社会生活において差異がないということでは決してありません。平等とは政治イデオロギーなのです。イデオロギーとは特定の人々のみが解釈を独占する党派性を有していることは、既にロシア革命以来の共産主義イデオロギーによって歴史的に実証済みです。私たちが実際の生活感覚として体験できるような平等は絶対に実現不可能なのです。平等を理想と宣伝する人々は、党派性に彩られたイデオローグです。イデオローグというのは、本心を隠して人々を扇動する工作員のことを指します。彼らが理想と扇動する平等社会とは、マイノリティーを有利に取り扱い、マジョリティーに不利益を与えることによって、社会を対立させるという政治工作の口実に過ぎません。常識的に考えても、平等な社会など実現するはずがありません。実現不可能なものをいかにも可能と偽って人々を扇動するのは、実に悪質なやり方と言わざるを得ません。私たちは、もうそろそろこのような政治工作者の意図を見抜かなくてはなりません。そうしなければ、日本もいずれＥＵのように移民問題で分断される社会になる危険があるからです。この点は、改めて論じたいと思います。

市場のルールか国民主権か

ＥＵの実際的な側面からイギリス離脱を論じますと、イギリス国民はＥＵという巨大市場の利益よりも国民主権を選んだといえます。先に本書で引用したアタリの主張をもじっていえば、ＥＵという市場のルールがメンバー国にとって最高法規なのです。ＥＵの市場最高法規は各加盟国の実情を無視するものであっても、各国はルールに従わなければならないのです。もっとも、ＥＵのルールに従うことによってある程度の経済的利益が保証されることはありますが、同時に国民文化、いわば伝統的な生活習慣を侵食される危険もあるわけです。明白なことは、市場の利益と伝統的生活習慣とは両立しないということです。

私たちは、イギリスのＥＵ離脱選択によって、まさしくグローバリズムとナシヨナリズムの対立の具体例を示されたことになりました。そして、イギリス国民が国民的議論の結果ナショナリズムを選択したことは、今後の世界に大きな影響を与えることになると思われます。

結局、移民の目的は何かということです。移民する人々にとってはより良き生活を求めて他国に移り住むというのが平均的動機でしょう。しかし、深刻な問題は移民そのものではなく移民を推進する勢力の目的は何かということです。ここでもう一度ジャック・アタリに登場してもらう必要があります。

移民はグローバル化の最後の手段

繰り返しになりますが、グローバル化とはモノ、カネ、ヒトの国境を越えた移動の自由化のことです。このうち、モノとカネについては事実上国境を越えて自由に移動することが可能になりました。ＷＴＯ（自由貿易を推進）やＩＭＦ（金融の国際化機関）が両者を国際的に推進してきました。そして、現在最も自由化が遅れているのがヒトの移動です。ズビグニュー・ブレジンスキーは移民を扱う国際機関の設立を提唱しているほどです。

以上、要するに移民とは世界をグローバル市場で統一する上で、最後に残ったヒトの移動の自由化を実現する手段なのです。そう考えますと、移民推進勢力、つまり世界のグローバリスト勢力がシリア難民大量流出の背後にいると疑っても、的外れではないでしょう。この視点から、シリア難民問題を考察すると、メディアの報道とは全く違った情景が見えて来るのです。

つまり、移民とは国民国家を崩壊させることが目的なのです。EUの場合は、EUに中東などからの移民を大量に流入させて、ヨーロッパ人のEUから人種混合のヨーロッパへと変質させることが目的なのです。そうすることによって、EUもより広範囲な地球的グローバル市場に組みこまれてしまうことになります。EUという市場は地球的グローバル市場、つまり世界統一政府の中に溶解してしまうことになるわけです。

わが国への教訓

わが国では、少子高齢化に対処するためとの錦の御旗の下に、移民受け入れ問題がいよいよ現実のものとなってきました。政権与党の自民党自身が外国人労働者の受け入れを積極的に推進していますし、政府の有識者会議ではアベノミクス第三段の成長戦略の柱の一つに外国人労働者受け入れを挙げていたほどです。

これらの動きは、決して単独の動き、つまり日本が独自に考えた結果ではないことが大問題なのです。例えば、ジャック・アタリはわが国に対し１０００万人の移民の受け入れが必要であると論じています（『21世紀の歴史』）。また、ズビグニュー・ブレジンスキーは、ＣＩＡの予測を引用して「日本は毎年３２０万人の移民を数年間入れる必要がある」（『孤独な帝国アメリカ』）と迫り、イギリスのエコノミスト誌（２００２年10月31日付）は、現在の労働人口を維持するために毎年５００万人の移民を必要としていると報じています。

しかし、彼らはなぜこんなにも日本の移民受け入れを奨励するのでしょうか。彼らが日本のためを思ってこのような忠告をしてくれていると素直に受け取ることはできません。こう言わざるを得ないのは残念ですが、彼らの善意を信じてしまうと、大きな禍根を残すことになります。私の外交実務の経験からしますと、日本に移民を受け入れさせることは彼らの利益になるから、あたかも日本の将来を心配するふりをして、彼ら自身の利益を計算しているわけです。私は、彼らを非難しているのではなく、国際政治の現実は善意では動いていないことを、皆さんに理解してほしいとの思いから、あえて国際政治の嫌な側面を強調しているのです。彼らの利益に基づく日本への根拠のない忠告であることを見抜けば、あたふたと移民受け入れに走る必要はないのです。

いうまでもなく、労働人口減少に対する第一の対処策は労働の生産性を上げることです。このためには、技術開発投資が必要です。ロボット技術や人工頭脳（ＡＩ）の開発などに取り組むべきでしょう。第二に、ＧＤＰの成長率といった表向きの数字だけで経済発展を評価しないことです。わが国は成熟した資本主義国ですので、新興国のように高いＧＤＰ成長率を見込めないことは当然のことで、このこと自体で大騒ぎする必要は全くないのです。それにもかかわらず、メディアや経済学者、市場関係者などが、ＧＤＰの数字にこだわって議論している光景は滑稽ですらあります。むしろ、私たちがこだわるべき課題は経済の質の向上です。必ずしも数字に表れない部分も多いので軽視されがちですが、経済の質（製品やサービスの質）こそ私たちの日々の生活を豊かにしてくれるものです。コロナ禍前の中国人観光客の爆買いや、外国人観光客が称賛してやまない「おもてなし」など、私たちの周りに生きた証拠を容易に見つけることができます。

以上、要するに、わが国が大量に移民を受け入れれば、日本人が雑婚化してしまい、国民国家としてまとまりが取れない状況に陥ってしまう危険があるのです。わが国は単一民族国家としてまとまってきた国です。過去、大陸や半島から、また南海などから様々な人種の人々が日本列島に渡ってきましたが、日本列島の中で同化して皆日本人になった歴史を有しています。このようにわが国は移民に寛大な国でした。日本人は純血民族ではありませんが、単一民族である所以《ゆえん》です。ある程度の移民を受け入れても彼らを日本人化する伝統の力は依然として残っていると思いますが、一挙に大量の移民が流入すれば、彼らすべてを日本人化するだけの力は、残念ながら現在の日本にはないでしょう。私たちの伝統力が、戦後70年間にわたり反日勢力がメディアや教育界で暗躍した結果、弱体化しているからです。従って、将来移民を受け入れる必要が生じた場合に備えて、今は伝統文化を取り戻すことに力を集中すべき時であると考えます。

アメリカ大統領選挙も移民が焦点

先に述べた、イギリスのEU離脱派に向けられた感情的な誹謗《ひぼう》中傷は、２０１６年当時、大西洋を越えたアメリカでも共和党大統領候補のトランプ氏や彼の支持者に向けて発せられました。アメリカのメディアや知識人だけでなく、わが国でもメディアやメディアに集う自称保守系の論客まで、トランプ候補は醜い大衆迎合主義者で、アメリカの下層低学歴の白人を感情的に扇動していると罵倒していたのです。まるで、イギリスの離脱派を上から目線で侮辱したのと同様に、トランプ支持者に向かって愚者呼ばわりする有り様でした。彼らにとって、トランプ氏は、彼らが長年培ってきた利権を突き崩す危険性があることを察知していたからなのです。

トランプ候補がなぜ多くのアメリカ市民に支持されたか、その理由は簡単です。何よりも、トランプ氏がアメリカはもう世界に出てゆくべきでない、アメリカ国内の問題を最優先に考えるべきだ、と訴えたことです。これは、彼の言う「アメリカ・ファースト」の意味です。必ずしも、わが国で伝えられているようなアメリカ第一主義のことではありません。アメリカ第一主義と解釈すると、アメリカが世界で優先されるべきだとの誤ったイメージを抱いてしまいます。外国のことに関わるよりも、アメリカの国内問題を優先的に考えようという主張なのです。これまで議論してきた観点から言いますと、グローバリズムではなく、ナショナリズムを優先するということです。

トランプ候補の主張に対しヒラリー・クリントン民主党候補は、アメリカは引き続き世界の問題に関与し続けるべきだと主張していました。ヒラリー候補はグローバリストなのです。イギリスのEU離脱問題が、グローバリスト（EU残留派）対ナショナリスト（EU離脱派）の戦いであったのと同様、アメリカの大統領選挙もグローバリスト（ヒラリー・クリントン）対ナショナリスト（ドナルド・トランプ）の戦いなのです。この戦いは、アメリカの政治用語を使えば、国際干渉主義対孤立主義の戦いと言い換えることができます。

わが国のメディアもアメリカのメディアと同様ヒラリー支持でした。アメリカが引き続き世界の警察官の役割を果たすことを懇願していました。アメリカが世界秩序の守護者の役割を降りたら、世界は無秩序になって混乱に陥ってしまう、だからアメリカよ世界への関与を続けてくれ、と縋《すが》るばかりの慌て様です。トランプが大統領になったら日本は困ると言うのです。しかし、少し冷静になって考えればわかることなのですが、オバマ元大統領は、シリアやイラクでのアメリカの関与を縮小し、アメリカは世界の警察官を止めたと既に宣言しているのです。このような流れの中にあって、たとえヒラリーが大統領になっても、アメリカが再び日本が期待するような「善意の」警察官の役割を負うことができるか大いに疑問でした。

以上の両者の基本的な哲学からすれば、両者の移民に対する考え方が180度違うのは当然です。移民がアメリカ人の雇用を奪ってきたとして、シリアなどテロ組織の拠点がある諸国からの難民受け入れを一時停止することや、特にメキシコからの不法移民流入を防ぐために国境沿いに壁を建設すると公約しているのがトランプでした。これに対し、移民こそアメリカ社会の活力の源泉であるとしてシリア難民を含め移民の受け入れに積極的なのがヒラリーでした。メディアはこぞってヒラリーを支持して、トランプの移民否定発言はアメリカ社会を分断する危険な挑発であると非難を続けたのです。

しかし、アメリカ社会の実態を見てみますと、アメリカは大量の移民の流入によって既に分断されてしまったのです。トランプ氏の移民排除発言は、アメリカ社会を分断するものではなく、既に分断されてしまったアメリカ社会を修復しようとの意図によるものなのです。確かに、最近急激に増加したメキシコ人などヒスパニック系移民のお陰で、カリフォルニア州などではスペイン語が第二の公用語になるほどです。スペイン語しか話せない市民も増えてきています。既に、ヒスパニック系の人口はアメリカ全体で５０００万人を超えたと言われており、黒人より多くなっているのです。

そうなると、アメリカは一つのまとまりを持った社会とはとても言えません。メディアや知識人が説教口調で持ち上げる多文化共生といった綺麗ごとは、移民社会の現場で生活している貧しい白人のアメリカ人には通じないのです。トランプ候補は、こうした現場の人たちの心情を的確に汲み取ったから、共和党候補になることができ、大統領にもなることができたのです。イギリスでは、東欧からの移民によってイギリス社会が分断される寸前で、ＥＵからの離脱を決めました。アメリカでは、トランプ候補が移民によって分断された社会を何とか修復しようと選挙民に訴えたのです。

ヒラリーのアキレス腱《けん》、ベンガジ事件

２０１６年7月にヒラリーとトランプがそれぞれ民主党と共和党から正式に大統領候補に指名された後、トランプの相変わらずの失言などにも助けられて、世論調査ではヒラリーがやや有利という状況が続いていましたが、9月に入ってヒラリーの健康問題が脚光を浴びるようになり、支持率が拮抗《きっこう》ないし逆転するという事態が起こりました。9月11日のニューヨーク同時多発テロ事件追悼記念行事に出席していたヒラリー候補は、体調不良を訴え途中退席するという事態になりました。担当医師の診断では肺炎を患っており、休養を余儀なくされました。いずれにせよ、大統領候補にとって健康問題は深刻です。9月末の時点では、ヒラリーは健康を回復したとされましたが、今後いよいよ本格化する選挙キャンペーンに耐えられるかどうか、状況は一挙にヒラリーに不利になったのです。

健康問題だけではありません。実は、ヒラリーには致命的なアキレス腱がありました。それは、いわゆる私用メール事件ですが、その本質はベンガジ事件なのです。先にも述べましたが、ベンガジ事件とは、２０１２年9月11日（奇しくも9・11テロの日でもあり、ヒラリーの健康不安が明るみに出た日でもあります）

に、リビア東部の中心都市ベンガジでスティーブンス駐リビア・アメリカ大使（当時）がリビア過激派に殺害された事件です。

スティーブンス大使は一体何をしにベンガジまで出向いたのかといいますと、アメリカがリビアの指導者カダフィを打倒した反体制派に供与した武器を回収しに行ったのです。回収したアメリカ製武器をシリアでアサド政権と戦っている反政府派武装勢力に回すためでした。ところが、スティーブンス大使はこの作戦の最中にリビアの過激派によって事務所を放火され、殺害されてしまったのです。当時のヒラリー国務長官は、この作戦の指示を国務省のメールアドレスではなく私用メールアドレスを使って行っていたというわけです。なぜ、国務省のメールアドレスを使わなかったのか。それは、この作戦が非合法の作戦であったからです。

さらに、この事件の前の２０１１年10月には、ヒラリーはこの私用メールアドレスでカダフィ暗殺を指示したともいわれています。いわゆる「アラブの春」はヒラリーの演出による作戦と言っても過言ではありません。ことほど左様に、ヒラリーは典型的な国際干渉主義者なのです。なお、このベンガジ事件にショックを受けたヒラリーは後に脳に障害が出て、国務長官を辞任しています。大統領選挙中、ヒラリー候補の健康不安説が問題化したのが9月11日というのも、何か因縁を感じないわけにはいきません。

このように、私用メール事件とは単に秘密事項の通信に不注意に私用のメールアドレスを使ったといった次元の問題ではないのです。リビアを巡るアメリカの秘密活動に関わる重要な問題です。だから、もし本件が明らかになれば、ヒラリーは深刻な事態に陥ります。これまでは、議会などの追及をのらりくらりとかわし逃げのびてきましたが、先の健康不安説と絡んでヒラリー人気が低下するような事態になれば、ベンガジ事件が蒸し返される可能性が出て来るでしょう。

トランプ人気とは何か

重要なポイントなので繰り返しますが、ヒラリーの国際主義に対してトランプは孤立主義、つまりアメリカ国内問題優先主義です。民主党予備選挙で当初泡沫候補と無視されていたバーニー・サンダースが最後まで善戦した理由も、彼が国内問題優先をアピールしたからでした。より具体的に言えば、アメリカの若者を外国の戦争に送るなという切実な訴えでした。彼の訴えに反応したのが、外国の戦争に送られる可能性の高い下層のアメリカ人やその家族であったのです。アフガニスタンやイラクの戦争で、アメリカ軍兵士に相当の犠牲者が出ました。犠牲者の家族や将来兵役に取られる可能性の高い民主党支持者の人々にとって、サンダースの主張が救いとなったことは想像に難くありません。

ヒラリーは国際主義の主張を取り下げることはありえません。なぜなら、ヒラリーのバックに控えているのが、伝統的な国際主義勢力であるウォール街の金融財閥や軍産複合体企業の経営者などだからです。これに対し、トランプの支持者は経済界ではどちらかというと新興の財閥系企業の経営者や国防総省の制服組なのです。また、トランプは、アメリカ政界で隠然たる力を持っているいわゆるユダヤ系ロビー勢力とも、それなりの関係を保っているようです。クリントン夫妻が親ユダヤ勢力であることは、ビル・クリントン大統領の時代から知られていますが、トランプ候補もイスラエル支持を公言したほか、娘婿のユダヤ人企業家を通じて、ユダヤ社会とも繋がっているのです。

職業軍人が支持したトランプ

注目されるのは、トランプは国防総省の制服組と関係が緊密なことです。アメリカの職業軍人の幹部はネオコンを快く思っていません。既に述べましたが、ブッシュ大統領の時代はネオコンの背広組が国防総省に乗り込んできて、数々の戦争を起こしました。職業軍人にとって、背広組が引き起こす戦争の犠牲者が自分たちだとの意識が強いのです。陸海空及び海兵隊の職業軍人たちは、アメリカ国家防衛というナショナリズムの意識が強いといえます。これに対し、ネオコンはグローバリストで、アメリカの国益といった概念が希薄なのです。従って、制服組の職業軍人がトランプを支持するのは、自然のことなのです。

例えば、当時のトランプの国家安全保障問題の顧問を務めたのは、マイケル・フリン元陸軍中将です。また、同じく元統合参謀本部議長のマーチン・デンプシーが安保問題のアドバイザーを務めていました。このように、職業軍人がトランプの助言者でいることにも、アメリカ・ファースト（アメリカ国内優先）を唱えるトランプの本気度が窺われるのです。

逆にいえば、もしヒラリーが大統領になれば、世界戦争になる可能性が強いでしょう。本書で述べてきた昨年来の世界情勢の展開を見れば、ネオコンを中心とするアメリカの国際主義者が第三次世界大戦に向けて水面下で様々な工作を行ってきたことがおわかりいただけたと思います。国際主義者ヒラリーが大統領になれば、このネオコン工作を推進する可能性が高く、２０１７年以降世界大戦争を避けることがますます困難になることが懸念されるのです。

本書（この文庫の元となった『２０１７年　世界最終戦争の正体』のこと）の発売直後の２０１６年11月８日にはアメリカ次期大統領が決まります。世界最終戦争が想定通り勃発するか、それとも危機が回避されるか、地球の運命を左右する選択がされるのです（２０１６年の大統領選はトランプが勝利し戦争は起きませんでしたが、ヒラリーを引き継いだバイデンが２０２０年の大統領選で勝利し、２０２２年にウクライナ戦争が起こっています）。

第２章　中国とは何か

私たちは誤解する傾向にありますが、中国もまたグローバリストなのです。中国は共産党独裁国家ではありますが、同時にグローバル市場化の重要な一員でもあるのです。共産主義国中国と民主主義国アメリカがなぜ協力関係にあるのか、米中が蜜月関係にあるとまで言われたのはなぜなのか、なかなか理解することができないのです。この疑問を解く鍵は、中華人民共和国の成立の秘密にあります。歴史教科書は決してこの秘密を教えてくれません。私たちの常識に反して、中華人民共和国を作ったのはアメリカなのです。アメリカは日米戦争の際は蔣介石の国民党を鼓舞して日本と最後まで戦わせました。蔣介石が首都南京を明け渡した後もわが国の和平提案に頑として応じなかったのは、アメリカが蔣介石に日本と戦い続けることを強要したからです。しかし、アメリカはその一方で、毛沢東の共産党にも武器支援を行うとともに、毛沢東が拠点とした延安に外交官を常駐させるなど、事実上毛沢東の共産党を承認する姿勢を取っていたのです。

第二次世界大戦終了後、中国国内では国民党と共産党との戦い、いわゆる国共内戦が勃発しました。国民党が有利に戦いを進めましたが、アメリカから乗り込んだジョージ・マーシャル将軍が蔣介石に停戦を命じました。共産党軍を壊滅状態に追い込んでいた蔣介石でしたが、アメリカの圧力の前に泣く泣く停戦を余儀なくされました。この停戦期間中に勢力を立て直した毛沢東が、最終的に蔣介石を本土から追放し、ここに中華人民共和国が建国されたのです。

歴史教科書は、アメリカがぼんやりしていたとか、毛沢東の実力を過小評価していたなどと書くだけで、アメリカが毛沢東を支援した事実をどういうわけか教えません。これでは、現在なぜアメリカが中国に融和的態度を取っているのかさっぱり理解できなくなってしまいます。歴史教科書が書いているように、アメリカは民主主義を守るために第二次世界大戦を戦ったのではありません。もし、民主主義を守るために戦ったのなら、なぜ、共産主義国ソ連と組んだのかわからなくなります。歴史教科書は、ヒトラーの方がスターリンよりも悪者だったからと説明しますが、全く間違っています。戦後、ソ連と冷戦を戦わなければならなかったこと一つ取っても、教科書的説明が正しくないことがわかります。アメリカがソ連と組んだ理由は、アメリカが毛沢東を支援した理由と同じです。アメリカは、共産主義国ソ連の擁護と中国を共産化するために、第二次世界大戦を戦ったのです。本書ではこの問題に深入りする余裕がありませんので、ご関心のある読者の方々は、拙著『国難の正体』や『アメリカの社会主義者が日米戦争を仕組んだ』を参照してください。

中国とは国家ではなく市場である

では、なぜ中国は今日の経済発展に成功したのでしょうか。この問いに対する答えも、アメリカにあります。今日の世界の工場となった中国を育てたのはアメリカなのです。１９８０年代に鄧《とう》小平の依頼を受ける形でアメリカの製造業や金融業が大挙して中国に進出しました。この中国熱を煽《あお》ったのがヘンリー・キッシンジャーです。もちろん、キッシンジャーの背後にデヴィッド・ロックフェラーがいたことはいうまでもありません。前出の『ロックフェラー回顧録』によれば、そもそも1972年のニクソン大統領の中国訪問は、ロックフェラーが望んだから実現したと米中正常化の内情を明かしています。

もちろんアメリカ企業の中国移転だけでは中国経済の近代化は実現できません。アメリカからわが国の企業に中国移転への勧誘が行われたのは自然なことでした。わが国の主要企業から中小企業まで、中国の低賃金労働力に幻惑されて進出していったのです。その際、中国側は諸手を挙げて歓迎しました。とにかく中国は外資を必要としていたのです。日本が大々的に投資したお陰で、中国は世界の工場へと躍進を遂げることができたわけです。しかし、経済成長が進めば当然のことながら労働者の賃金は上昇します。今や、低賃金労働力の魅力はなくなりました。そうなると、進出企業は黒字を続けることができなくなり、中国からの撤退を考慮せざるを得なくなりました。ところが、撤退が困難なのです。中国の法律には破産規定の不備など、スムーズに撤退することに数々の障害があることがわかってきたのです。かくして、多くの日本企業が撤退したくてもできない状態に置かれ、赤字を垂れ流さざるを得ないところにまで追い込まれたのです。進出する際には三顧の礼で迎えたのに、中国側は日本企業から吸い取るものが少なくなったとなると、手のひらを返したように高飛車な姿勢に変身しました。信頼関係を重視する日本の企業文化が通じなくなったのです。ところが、わが国のメディアはこのような日本企業の苦境を報じようとしません。それどころか、依然として経済大国中国への進出を奨励している有り様です。このようなメディアの姿勢は、先述したように、かつての北朝鮮帰還キャンペーンを彷彿《ほうふつ》させるものがあります。当時の北朝鮮を地上の楽園と宣伝して、多数の在日朝鮮人とその家族が北朝鮮に帰国しました。しかし、待っていたものは日々の糧の入手もままならない厳しい生活でした。それにもかかわらず、メディアは何ら責任を取っていません。

私は中国の行動は国家というより市場と認識した方が理解し易いと考えています。中国人の国民性というか、性格は極めて自己中心的だからです。いわば、徹底した個人主義といえるでしょう。彼らの発想には国家という概念がないのです。

自分と家族と親族が帰属する集団なのです。従って、個人の行動を縛る共同体意識といったものも、せいぜい親族までということになります。中国人のこのような発想は、先に引用したジャック・アタリの市場観に通底するものがあります。ジャック・アタリは、市場の力とはマネーの威力であり、市場（マネー）の勝利とは個人主義の勝利であると喝破しました。個人主義が徹底している中国人は、アタリの想定する市場人の資格を十分備えていると思います。

中国人の性格

アタリから100年以上も前に中国人のこのような性格を的確に言い当てた日本人がいました。1913年に『支那観』を表した内田良平です。内田良平は今で言うシンクタンク「黒龍会」の創設者で、右翼の国士のように言われていますが、それは戦後のGHQによる洗脳の結果で、憂国の志士で国家戦略家というに相応《ふさわ》しい人物でした。その内田良平が当時の日本人の中国観に警鐘を鳴らした書籍がこの『支那観』です。『シナ人とは何か』（宮崎正弘ほか編、展転社）に収められている『支那観』の現代語訳を参考に支那人の特徴を拾ってみます。

・シナの官僚は、せっせと賄賂をためて資産を作り、私腹を肥やす。国家の存亡とか国民の安否などには微塵《みじん》も心が動かない。金銭万能がシナの国民性の持病になっている。政治家も美辞麗句とは裏腹に彼らの関心ごとは巷《ちまた》の守銭奴と同じ。シナでは各社会を通じ賄賂を罪悪とはみなさない。

・支那人たちは自分の郷土に何の未練もなく、個人的利益が得られさえするなら外国でもどこでも地の果てまでも出かけてゆく。

・シナの普通社会はただ個人の利益を追い求めて生活する者たちの社会。彼らは、徹頭徹尾個人本位にものを考える。個人の生命財産が安全ならば、支配者は誰でもよく、国土が異民族に乗っ取られようが、まったく関知しない。租税や労役や法令は酷くなければそれでよい。

・個人的利益以外の、主義主張、人道、大義名分などに価値を置かない。利を求める個人主義の結果、道徳を冷笑するようになり、国家の存亡などに関心がない。

・支那人は干渉されるのを非常に嫌う。しかし、日本は支那人を日本化させるといった頑なな態度で対処している。欧米列強は支那人をありのままに遇し、支那人の粗野な性質や悪癖を矯正するといった態度はとらない。欧米は支那人に対して冷淡にして不干渉なのだ。

もう一人中国人を観察した人物を挙げておきます。アメリカの外交官ラルフ・タウンゼントです。１９３１年から33年にかけて、上海や福州の副領事を務めました。彼が書き記した『暗黒大陸　中国の真実』（芙蓉書房出版）は、内田とまったく同じ中国人像を描いています。

・金がすべての現実主義者。金がすべてであり、宗教に近い。儲《もう》け話になるとどんな苦労でも厭《いと》わない。友人や家族に死者が出ても顔色一つ変えないが、金を無くすると大騒ぎする。

金にならないことはしない。すべてが金である。中国人は金にかけてはユダヤ人にも劣らない、世界一である。

・政府への忠誠心は猫の目のように変わるが、家族に対する忠誠心だけは変わらない。金持ち家族に頼ることは、当然の権利だと思っている。
・平気で嘘《うそ》をつく。中国人にとって嘘をつくことは軽蔑すべきことではない。
・他人を信用する中国人はいない。なぜなら、自分が相手の立場に立ったら自分を信用できないと思っているからである。

以上の通りですが、驚くべきことに今から100年~80年前の観察も、現在私たちが経験している中国人も、本質的に変わっていないことが見て取れます。これら先人の観察を参考にして、中国人との関係を考える必要があると思います。

中国共産党エリートとウォールストリートの蜜月

アメリカが中国進出を決めたのは中国共産党と組んで、強引に低賃金労働者を利用するためでした。その結果、大きな利益を上げることができたわけです。利益を確保した銀行や製造業の企業は既に中国から撤退しています。もう十分儲けたということでしょうか。民主主義とか自由とか人権とかは経済的利益の前には関係ないのです。私たちはアメリカの行動を理解する上で、この現実をしっかりと肝に銘じる必要があります。日本と中国を秤《はかり》にかけて、どちらの市場がより儲かるかがアメリカの判断材料なのです。従って、現在の中国の対外膨張に対するアメリカの態度を占う上で、この市場価値優先主義の態度を忘れてはいけません。

昨今、中国経済が今にも崩壊するのでは、といった書籍が相次いで出版されています。多くの識者は中国経済はもう持たないとの見解でほぼ一致しているように見受けられます。しかしより正確に言うならば、中国経済が生き延びないのではなくて、中国共産党の一党支配が崩壊に近づいているということでしょう。ソ連経済を現地で観察した私の経験からいえることは、一党独裁と自由な企業経営とは決して両立しないという常識です。従って、中国共産党当局がいわゆるゾンビ国営企業の近代化改革を行うことは絶対にできないのです。なぜなら、これらの国営企業を改革するには、共産党の企業支配を廃止しなければならないからです。これすなわち、共産党支配の終焉《しゅうえん》です。今、中国経済の足を引っ張っているのはこれらの非効率な国営企業ですが、共産党指導部が国営企業へのコントロールを維持する限り改革はできません。逆に、本格的に改革に乗り出せば共産党一党支配の終わりになるわけです。中国が直面しているディレンマは、共産党一党支配を続けるか、それとも市場経済のルールに従い企業の自由を認めるかなのです。

ジャック・アタリ流にいうならば、中国共産党といえども中国という市場をコントロールすることはできなくなるというわけです。『21世紀の歴史』（前出）のなかで、アタリは2025年に共産党支配は終わることになると予言しています。ところが、アタリは2025年の根拠を何ら示していません。単に、どのような政権も70年以上続いたことがないというのが唯一の理由です。70年間続いたのはソ連共産主義体制のことです。厳密に言えば、1949年の中華人民共和国建国から数えますと、2025年は76年目ということになりますが、いずれにせよ、2025年までに中国共産党支配は終了していることになると言うのです。アタリがなぜこのような予言をできるのかは、簡単なことです。中華人民共和国を作ったのもソ連共産主義体制を作ったのも、同じ国際金融勢力であったからです。

中国共産党支配は終了しても、中国という巨大市場は存続することになります。これから新しい中国の支配を巡る戦いが起こることになるでしょう。現在、水面下で行われている権力闘争も、この視点も入れて考察される必要があるでしょう。

改めて強調しておきますが、中国というのは国家ではなく市場なのです。1911年の辛亥《しんがい》革命以降、今日に至るまで中国はずっと国家の体をなしていません。巨大な市場の中で、指導者がいかに私腹を肥やすか、その争いの繰り返しであったと言っても、決して的外れではないでしょう。中国という土地は、それだけ市場としては魅力でした。搾取の対象となる膨大な民衆が存在しているからです。

イギリスが中国に秋波を送っているとか、ドイツが中国に肩入れしているとか、メディアの報道は過熱気味ですが、彼らは市場としての中国に関心があるわけで、中国を世界の大国として正面から向き合う気持ちはありません。例えば、アジア・インフラ投資銀行（ＡＩＩＢ）騒動が良い例です。イギリスやドイツが率先して加盟したため、わが国ではバスに乗り遅れるなと加盟推進議論がメディアなどを賑わしました。しかし、英独などヨーロッパ諸国はＡＩＩＢを利用しようとしているだけで、アジアのインフラ開発を中国と一緒にやろうといった考えは持ち合わせていません。日米が加盟しないＡＩＩＢはいまだ事実上開店休業の状態にあります。その理由は、ＡＩＩＢは国際的信用力がないので、融資活動のための起債ができないのです。辛うじて、日本が主導するアジア開発銀行との協調融資によってバングラデシュに対する第一号案件が成立したという状況にあります。最近２０１６年９月になってさらに２件の融資案件が発表になりましたが、これらはいずれも世界銀行との協調融資です。アジア開発銀行との協調融資と同様に、ＡＩＩＢの自前の資金力では融資できないことを示しています。ということは、ＡＩＩＢは未だに自らの活動を開始できていないことを意味します。

また、２０１６年10月１日の人民元のＳＤＲ入りも中国金融市場を狙った国際金融勢力の動きであって、人民元がドル、ユーロに次ぐ第三の国際通貨に格上げになったと大騒ぎする程の事件ではありません。ＩＭＦはじめ欧米の金融勢力が中国民衆の２２００兆円にも上る預貯金を利用しやすくするための戦術であるとも考えられるのです。現に、人民元のＳＤＲ入りに先立つ９月28日に、中国郵政貯蓄銀行が香港証券取引所に上場しました。あのジョージ・ソロスも投資しているとされる中国で5番目の預金規模（約１２０兆円）を有する国有銀行です。外資が中国民衆の預貯金に手を出すことがより容易になったわけです。

もう一つの問題は、人民元のＳＤＲ入りが共産党の支配構造を崩壊させる可能性があることです。本来ＳＤＲの構成通貨と認められるためには、外国為替の変動相場制移行や金融資本市場の自由化などの条件を満たす必要があります。しかし、今現在中国はこの条件を全く満たしていません。それには深いわけがあるのです。もし、金融市場が自由化されれば、中国共産党は人民元に対するコントロールを失うことになります。通貨に対するコントロールを喪失すれば、それは即中国共産党の一党支配の終焉を意味します。

要するに、人民元を真の国際通貨にしたいのなら共産党の人民元支配を終わらせなければならず、共産党が人民元に対する支配を維持したいのなら、人民元は実際上の国際通貨として共産党の意のままに活用することができなくなるわけです。ＳＤＲを巡り、中国共産党幹部は「進むに進めず、退くに退けない」深刻なジレンマに直面しているのです。

以上、私たちが注意すべきは、中国は国家ではなく市場であるということです。そしてここまま行けば、そう遠くない将来に共産党支配が終わるということです。これらを考慮に入れて、中国と対してゆくことが大切です。

南シナ海紛争は古典的な国家対国家の対立

最後に、中国による南シナ海でのサンゴ礁埋め立て問題に触れておきます。結論から言えば、もし中国がこのまま埋め立て工事を続行して南シナ海域を中国の領海化するようなことがあれば、アメリカとの正面衝突になる可能性が高いということです。中国は海洋国家ではありません。本来海洋国家でない国が海軍の増強に乗り出せば、必ず失敗するというのが歴史の教訓です。他の海洋国家とかならず衝突するからです。かつて、非海洋国家ドイツは海軍軍拡の結果、海洋国家イギリスと衝突して敗北しました。

中国と比較すれば、アメリカは依然として世界に冠たる海洋国家なのです。南シナ海という公海を中国が我が物顔に占有すれば、海洋国家アメリカはいわば本能的に反発するでしょう。これは国際主義かどうかの問題ではありません。アメリカの国益が直接影響を受ける問題です。アメリカの国家防衛を任務とする国防総省が見過ごすはずがありません。アメリカは今中国の行動を注意深く見極めている状況にあります。現に、アメリカは中国に対して警告を発していますが、中国はこれを無視する態度を取っています。中国としてはアメリカに対する挑発行動の限界線を間違ってはならないでしょう。また、アメリカは伝統的にあえて他国の挑発行動を許しておいて、突如矛先を変えて叩きにかかることを、中国は十分弁《わきま》えて対処する必要があると考えます。中国民衆の共産党への批判を逸らすために、外国との紛争を利用するといった古典的やり方に嵌《は》まってしまうと、共産党政権の命取りになる危険性があることを、あえて指摘しておきます。

第3部

21世紀を破滅から救え

第1章 ロシアを支配するものが世界を制する

今、地政学が注目を浴びています。20世紀初頭に活躍した地政学の泰斗、イギリスのハルフォード・マッキンダーは「東欧を支配するものがハートランドを制し、ハートランドを支配するものが世界本島（ユーラシア大陸）を制し、世界本島を支配するものが世界を制する」という、有名な法則を残しました。このハートランドの核をなすのがロシアとウクライナなのです。このマッキンダーの法則に従うならば、今、進行中のウクライナ危機は、ハートランド支配を巡る戦い、具体的にはロシア支配を巡る戦いといえるわけです。ここで注意すべきことは、マッキンダーはロシアという国家がユーラシア大陸を支配し、世界を制するとは言っていないことです。マッキンダーが活躍した20世紀初頭はロシア帝国がロシアを支配していました。

しかし、マッキンダーはロシア帝国が世界を制しているとは言っていないのです。むしろ、ロシア自身は世界を制する存在ではないと示唆しているわけです。マッキンダーが言わんとしたことは、ロシアの外部の勢力がロシアを支配することによって、世界を制することが可能になると言明しているのです。この点を理解すれば、ロシアは常に外部から侵略される運命にあるということがわかるのです。

本書では、ハートランドの核であるロシア支配を巡り、アメリカのネオコン勢力がプーチン大統領に攻撃を加えていると解説してきました。ネオコン勢力はロシアをグローバル市場に組み込むために、ロシア市場のグローバル化に抵抗を示しているプーチン大統領を失脚させようと、ウクライナやシリア、トルコで工作を繰り広げてきているのです。ロシアをグローバル市場に組み込まない限り、ネオコン勢力（その背後にいる国際金融資本）の世界グローバル化は成就しないのです。逆に言えば、もしロシアがグローバル市場に組み込まれてしまったならば、世界はグローバル市場で統一されて、国家が消滅し世界政府が樹立されることになるのです。しかし、既に見てきましたように、市場のルールが唯一の法として支配する国家なき世界は、弱肉強食の無法状態と化してしまいます。

マッキンダーの法則を1917年のロシア革命に当てはめますと、ロシア革命の狙いが一層明確に浮かび上がってきます。ロシア革命を支援した英米の金融資本家は、ロシア共産主義革命の成功によって世界制覇への第一歩を踏み出したといえるのです。ソ連邦の版図にウクライナを組み込み、東欧諸国を衛星国として支配することによって、マッキンダーの言うハートランドと東欧を支配することに成功したわけです。しかし、共産主義による世界制覇を目指した英米金融資本家の夢は、ソ連邦の崩壊によって挫折したかに見えました。ソ連邦崩壊の遠因はスターリンの一国社会主義路線に求められます。それ故に、本書で縷々《るる》述べてきましたように、現在、トロツキストのネオコン勢力が新しい戦略（グローバル市場化戦略）で世界制覇を目指しているのです。彼らがなぜロシアを最大のターゲットにしているか、改めて明確になったのではないでしょうか。

グローバル化に抵抗しているプーチン大統領

ロシアのプーチン大統領がなぜ世界のメディアによって悪者にされているのか、私たちはその隠された意味をもう一度嚙《か》みしめる必要があります。ロシアがグローバル市場に反対している理由は既に述べましたが、ロシアの国柄を考えると一層明確になります。ロシア人にとって、ロシアは既に一つの世界なのです。ロシア人にとっては、ロシア以外の世界の一部になることは、特に必要ではないのです。ロシア国家の安全がロシア人の最大の関心である所以《ゆえん》です。ロシアが安全であれば、ロシア人は安全なのです。ロシア語で世界のことは「ミール」と言いますが、「ミール」は平和という意味でもあります。ロシアが世界であり、ロシア世界は平和であるという願いを込めた言葉なのでしょうか。

このようなロシア人の国民性を考えれば、クリミア半島のロシア編入を取りあげて、プーチン大統領が領土拡張主義者であると決めつけているメディアの態度は全く根拠がないものと言わざるを得ません。世界統一を目指すグローバリストが支配しているメディアが、自らの野望を隠す煙幕にプーチン大統領が利用されているわけです。グローバリズムの潮流に陰りが見え始めた今日この頃、グローバリズムのこれ以上の進撃を食い止め、より安定的な世界を構築する上で、日露関係の強化が決定的に重要になって来ているのです。

「まえがき」で述べましたように、安定的な世界を構築する上での主役はプーチン大統領ですが、プーチンのこの事業を支えるのが安倍総理（当時）だったのです。安倍総理が２０１３年４月に訪露して日露関係強化に向け乗り出しましたが、ウクライナ危機もあって両国関係の進展は遅々たるものでした。プーチン大統領を失脚させたいネオコン勢力が陰に陽に安倍総理に対し圧力をかけてきたことは、想像に難くありません。しかし、ここに来てようやく日露関係の新時代が訪れようとしていたのです。

第２章　日露新時代の幕開け

日露関係がついに動き出した

２０１６年９月２日は日露関係の分水嶺として記憶されるはずでした。ウラジオストックで行われた安倍総理とプーチン大統領との首脳会談は夕食会を含め３時間以上にわたるものでした。しかも、そのうち実に55分の長時間にわたり、安倍総理とプーチン大統領の二人だけで北方領土問題を話し合ったのです。二人だけの会談は昨年９月の国連総会時の10分から、今年５月のソチでの会談での35分、そして今回の55分と飛躍的に時間が延びたことが注目されます。通訳が入ったとはいえ55分の会談時間は、一般に他国首脳と会談する場合の会合時間全体とほぼ同じ長さなのです。北方領土問題についての交渉は、前回のソチと今回のウラジオストックでの二人だけの会談の合計一時間半の間に核心部分が話し合われたと考えてよいでしょう。

北方領土交渉の道筋とは何か

日露新時代の始まりとは、両首脳の信頼関係に基づく北方領土交渉の道筋が開かれたことを指します。5月にソチにおいて、新しいアプローチに基づいて北方領土交渉を進めることが、首脳のみの会談で合意されました。そこでの合意を受けて、全体会合で安倍総理が8項目の経済協力プロジェクト（注）を提案したのです。実は、この順番が極めて重要なのです。つまり、北方領土交渉と8項目の経済協力計画とは表裏一体の関係にあるわけです。このように、両者が不可分の関係にあることが、北方領土交渉の核心となりました。

（注）8項目の内容　（1）健康寿命の伸長、（2）快適・清潔で住みやすく、活動しやすい都市作り、（3）中小企業交流・協力の抜本的拡大、（4）エネルギー、（5）ロシアの産業多様化・生産

性の向上、（6）極東の産業振興・輸出基地化、（7）先端技術協力、（8）人的交流の拡大

従って、メディアなどでよく言われているような、領土と経済協力との単純な取引ではありません。領土と経済協力との取引と安易に考えると、経済が先行して領土が置いてきぼりになるのではないか、ロシアは経済の果実だけに関心があるのではないか、との憶測を呼ぶ結果になってしまいます。領土と経済協力が不可分の一体にあるということは、領土が解決しなければ経済協力もないということです。従って、ロシアが経済協力の果実のみをいわば食い逃げすることはできないのです。この見方を裏打ちするのが、首脳会談の翌日に開催された「東方経済フォーラム」におけるプーチン大統領と安倍総理の発言です。プーチン大統領は安倍総理が提案した8項目の経済協力計画が「唯一の正しい道」であると指摘しました。また、安倍総理が北方領土問題の解決を呼び掛けたのに対し、プーチン大統領は「必ず解決する」と強調しました。

安倍総理は、8項目の経済協力案件の進捗状況を確認するために、毎年一回ウラジオストックで首脳会談を行うことを提案しました。実は、この安倍総理の提案こそロシア側の懸念を払拭する効果を狙ったものでした。わが国のメディアな

どでは、ロシアが経済協力の成果を受け取るだけで、北方領土問題の解決には意欲がないのではとの懸念が持たれていますが、ロシアはロシアで、北方領土を返してしまえば、日本は対露経済協力に熱心ではなくなるのではないかとの懸念を有しているのです。

そこで、安倍総理は、そのようなロシア側の懸念を払拭するために、経済協力の進捗状況を両首脳が直接検証する機会を設けることを提案したのです。また、プーチン大統領は経済協力こそが「唯一の正しい道」であると言明しました。報道では「唯一の正しい道」の内容には踏み込んでいませんが、このプーチン発言は8項目が北方領土問題を解決する「唯一の正しい道」であることを示唆したものです。この点こそ、経済協力と領土の不可分性を事実上公に確認した発言ととらえることができます。「唯一の正しい道」を日露両国が歩むことによって、ウイン・ウインの関係が招来されると暗示したものでしょう。これが、プーチン大統領の言う、北方領土を巡りロシアも日本も「負けた」という結果を生まない解決方法の意味なのです。

議題となったロシア極東地域の開発は、プーチン大統領の重点施策の一つです。

安倍総理は、極東地域の中心地であるウラジオストックを「ユーラシアと太平洋とを結ぶゲートウェイにしよう」と呼びかけましたが、プーチン大統領の琴線に触れた発言であったと思います。その含意は、ウラジオストックがこのようなゲートウェイになるためには、日本の協力が欠かせないわけで、日本の協力を確かなものにするためには、北方領土問題の解決は決して避けては通れないことを念押ししたものです。このように、安倍総理とプーチン大統領は、互いに両者のリンケージに直接明示的な形で言及することはありませんでしたが、両者の発言を繋《つな》ぎ合わせてみれば、このリンケージを事実上確認した発言ぶりだったことが明確に感じ取れます。

プーチン大統領の12月訪日がやっと決まった

9月の首脳会談における最大の成果は、いうまでもなくプーチン大統領の訪日日程が合意されたことです。12月15日に山口県長門市において日露首脳会談を行うことが合意され、ここに、11年ぶりの訪日が決定された意義はいくら強調してもし過ぎるということはありません。２０１３年春のモスクワにおける日露首脳会談以降の最大の懸案であったプーチン大統領の訪日日程が確定されたことは、これまでの安倍総理の対露積極姿勢に対してアメリカや外務省などが陰に陽に様々な形で牽制《けんせい》してきたことに鑑みますと、昔日の感があります。ここに、日露関係の前進を阻んでいた大きな障害が取り除かれたことになります。さらに加えて、訪日前の11月のペルーにおけるAPEC首脳会談の際に日露首脳会談を行うことも合意されました。ペルー会談では、恐らく終始二人だけで会談されたでしょう。12月の訪日前に北方領土問題について最後の詰めを二人で行うことになるはずだからです。

以上のように合意された会談に、毎年のウラジオストック会談を含めますと、日露関係強化へ向けて歯車がしっかりと嚙《か》み合って動き出しており、逆回転することがないよう外堀が埋め尽くされたように感じました。このように、安倍総理とプーチン大統領が自らの意思で日露関係を動かす方向に不退転の決意を示したことで、両国関係強化に向けての環境は整いました。しかし、問題はこれからです。北方領土問題をどのように解決するのか、ぎりぎりの攻防が水面下で続くことになります。ここでは、北方領土問題解決の青写真を大胆に描いてみたいと思います。そのためには、もう一度今回の日露首脳会談に至る経緯を辿《たど》ることが必要です。

すべてはソチ会談で始まった

5月6日にロシアのソチで行われた日露首脳会談で北方領土交渉にブレークスルーがありました。35分間にわたる二人きりの会談で安倍総理が切り札を提示されたのです。これが安倍総理のおっしゃる「新しいアプローチ」です。「新しいアプローチ」の全貌は明らかになっていませんが、メディアなどを通じて断片的に漏れ聞こえてくる安倍総理の発言や、総理のこれまでの対露外交の姿勢から、「新しいアプローチ」のポイントを窺《うかが》うことは可能です。以下、私なりの想像を働かせてみます。

新しいアプローチの核心は、北方領土交渉を四島の帰属問題という限定された枠組みの中で議論するのではなくて、日露関係全体の中で議論しようというアプローチです。この点が、従来の北方領土交渉に比べ全く新しい点なのです。いうまでもありませんが、これまでのように四島の帰属問題を議論するだけでは、入り口で議論が止まってしまうことになります。そして、出口はというと四島の「引き分け」ということにならざるを得ません。そうなると、歯舞《はぼまい》・色丹《しこたん》の二島、あるいは国後《くなしり》まで入れた三島、さらには四島の面積の二等分（この場合は国境線が択捉《えとろふ》島の中に引かれることになります）の三つの形態が考えられますが、いずれの案にしろ、わが国の悲願である四島の返還は実現しないのです。

従って、このディレンマを解消して、北方領土問題の解決を日露関係全体の中で「引き分け」に持って行くこと、これこそが新しいアプローチであるのです。繰り返しますが、安倍総理がこのアプローチを二人きりの首脳会談の席で提案された際、安倍総理はもしプーチン大統領がこのアプローチに同意するなら、抜本的な日露経済協力計画を提案する用意があると持ち掛け、プーチン大統領は新しいアプローチの下で北方領土交渉を進めることに同意したのです。この同意を受けて、その後の全体会合の席で、安倍総理が８項目の経済協力計画を提案し、これにプーチン大統領が賛意を表明したことも、前述した通りです。これが「引き分け」の意味なのです。

領土交渉と8項目は相互にリンクしている

新しいアプローチは領土交渉と経済協力がリンクしています。しかし、既に述べたように、重要なことは領土と経済の取引ではないということです。既にプーチン大統領が明らかにしているように、ロシアは領土を売ることはしないのです。金で領土を売り渡したとの印象をロシア国民に与えてしまえば、いくら高支持率を誇るプーチン大統領でも政治的に困難な立場に置かれてしまうでしょう。再度強調しますが、金と領土の取引は日本側にも受け入れられない問題を孕《はら》んでいます。先に述べましたように、ロシアの食い逃げに対する警戒感です。新しいアプローチを「金と領土の取引」と誤解すれば、領土交渉が行き詰まることになることは目に見えています。

重要な点は、経済協力と領土交渉は同じ次元の問題であるということです。つまり、両者の共通項は「安全保障の問題」なのです。では、ロシアにとってなぜ日本との経済協力が安全保障の問題になるのでしょうか。その理由を解く鍵が、プーチン大統領の目指す「ロシアの新しい理念」なのです。

ロシアの新しい理念

プーチン大統領は２０００年に大統領に就任するに際して表した「新千年紀を迎えるロシア」と題した論文の中で、「ロシアの新しい理念」に基づく国造りを提唱しました。「ロシアの新しい理念は、人道主義に基づく世界の普遍的価値と、二十世紀の混乱も含めて時の試練に耐えたロシアの伝統的価値とを有機的に統一する時に実現する」と自らの基本哲学を明らかにしたのです。

「ロシアの新しい理念」という基本哲学に基づいてロシア国家を再生させることが、プーチン大統領の悲願なのです。実は、このようなロシアの理念は、プーチン大統領のみならず、歴代のロシア指導者の課題でした。いわゆる西欧化の圧力にスラブ主義のロシアがどう対応するかという国家の生存をかけた戦いだったのです。この課題は未解決のまま、プーチン大統領に引き継がれました。プーチン大統領は、ロシアの歴史的課題を解決する秘訣《ひけつ》を「ロシアの新しい理念」の中に見出《みいだ》しているのです。

プーチンが見出した秘訣とは、決して普遍的価値、いわばグローバル市場という価値、を全面的に否定しているわけではありません。また、ロシアの伝統的価値優先主義を唱えているわけでもありません。普遍的価値とロシアの伝統的価値とを有機的に統一すること、すなわち、それぞれの特徴を生かしたうえで共存させることが、ロシアの歴史的宿命を克服する知恵だと強調しているのです。

言い換えれば、ロシアの歴史的な宿命は西欧化の下でどうロシアのアイデンティティーを確保するか、という問題であり、これすなわちロシアが独立国としてどう生き残るかという国家安全保障の課題であったのです。従って、プーチン大統領の最大の関心は、現在のグローバル市場化という国際的圧力の下で、ロシアが外資に呑《の》み込まれずにロシア的な発展を実現できるモデルは何かということなのです。このモデルを発見することによって、ロシアは安定した経済大国になることができる。プーチン大統領にとっての結論は、そのモデルになりうるのがわが国なのです。その理由は、わが国が明治維新以降欧米化と伝統文化を両立させて、近代産業化に成功したからなのです。つまり、当時の普遍的価値と日本の伝統的価値を有機的に統一したのです。現に、プーチン大統領は、2000年の大統領に就任時にお祝いの電話をかけた小渕《おぶち》恵三総理に対し、「日本の文化や哲学に親しんだものとして、日本を愛さずにはいられない」と親日の心情を吐露しましたが、さらに、駐露日本大使として信任状を奉呈した丹波實氏《たんばみのる》に対し、「新しいロシアの理念というものは全人類的価値とロシアの伝統的価値との有機的結合から生まれる。20年以上柔道をやっている自分のような人間は、日本を愛さずにはいられない。自分は日本の文化や哲学に大変関心がある」（丹波實『日露外交秘話』中央公論新社）と熱っぽく強調しています。

このように、プーチン大統領が丹波大使を通じ日本に伝えたかったメッセージは、「普遍的価値とロシアの伝統的価値を有機的に結合する秘訣を、日本文化と哲学の中に見出したい。そのために、日本の協力に期待する」ということだったのです。安倍総理の8項目の提案は、プーチン大統領が日本に期待している「普遍的価値とロシアの伝統的価値とを有機的に結合する秘訣」に正面から答える提案でした。だからこそ、8項目の経済協力をロシアの発展を支援するものとプーチン大統領は位置づけています。

具体的に言えば、プーチン大統領は「ロシアの新しい理念」に基づいてロシアのハイテク産業化を目指しているのです。昨今の原油価格の暴落のためにロシアは国家収入が半減する程の甚大な影響を受けました。現状のままでは、ロシアは天然資源の国際価格に左右される脆弱《ぜいじゃく》な経済体質から抜け出すことができません。軍事的にはアメリカと並ぶ核兵器大国であっても、経済的には大国とはいえません。ウクライナ危機による欧米の経済制裁も徐々にロシア経済に影響が及んでいます。

　このようにロシアの安全保障は経済的に脆弱な状況にあります。ロシアが名実ともに大国として世界の安定勢力になるためには、どうしても経済の質的転換を図り、ハイテク産業化を実現する必要があるのです。そのために、わが国の経済支援が不可欠なのです。言い換えれば、8項目の経済協力は、ロシア経済のハイテク産業化に資する唯一の方法なのです。プーチン大統領が、8項目が「唯一の正しい道」と言う意味は、ロシアの安全保障強化を実現するためには、8項目の経済協力に頼るほかないということなのです。

　安倍総理は日露経済協力を担当する大臣に世耕経済産業大臣を指名されました。これは政府の強い意志を示すものではありますが、専任大臣を置いただけでは不十分です。重要なことは、世耕大臣以下官民の関係者が、8項目の案件を通じてわが国独自の経済発展の経験やノウハウをロシアに移転するという原則を認識して、協力に当たることです。例えば、終身雇用や年功序列など家族的な会社意識を核とする日本的経営方式や政府の行政指導による産業育成政策、国民が等しく医療を受けられる国民皆保険制度などのノウハウの移転を通じて、ロシア政府の適切な関与による経済社会の樹立に協力することです。ロシア人には集団主義的志向や共同体に対する強い帰属意識などがありますので、日本的経営方式を基盤としたロシア型の企業風土を醸成する環境は整っていると思います。日本側関係者の8項目経済協力計画に対するこのような態度が経済協力の成功と北方領土問題の解決にとって必須条件であることを改めて強調しておきたい。この認識が共有されなければ、8項目が単なる投資や合弁の寄せ集め事業に矮小《わいしょう》化されてしまう恐れがあるからです。

そこで、プーチン大統領にとっての選択は、8項目の経済協力を取るか、それとも北方領土にしがみつくか、そのどちらがロシアの安全保障にとって有益かという判断になるはずです。私は、プーチン大統領は8項目の経済協力を選択すると確信しています。その理由はロシアの国民感情です。ロシア国民は強い指導者を渇望しています。強い指導者とはロシアの安全を強化してくれる指導者のことです。ロシア国家の安全が保障されれば、ロシア国民の生活の安定も確保されることになります。

グローバルな視点とは

新しいアプローチのもう一つの特徴は、日露関係をグローバルな視点から考えるという点です。プーチン大統領はかねがね、21世紀の課題は繁栄と安定を結び付けた国家の発展モデルを巡る競争であると指摘してきました。もし、ロシアがロシアの伝統に立脚したハイテク産業国家化に成功すれば、グローバリズム（繁栄）とナショナリズム（安定）の相克に悩む新興国に対し、新たな発展モデルを提供することになります。世界の新興諸国にとって国内の安定を維持しながら経済発展を実現するという長年の課題を解決することができるわけです。

さらに、8項目の経済協力の結果ロシアが安定した大国になれば、ロシアは世界情勢の安定化のために現在以上の指導力を発揮することが可能になるでしょう。例えば、今年の11月にメドベージェフ首相がパレスチナを訪問して、ロシアが中東和平交渉の仲介に乗り出すことが報じられています。中東和平交渉はこれまでアメリカ主導の下に行われてきましたが、いまだ終局的解決、すなわちパレスチナ国家の樹立には至っていません。最近中東での存在感を増しているロシアが中東和平交渉に本格的に介入した場合、パレスチナの経済発展に協力できるのはわが国でしょう。そうなれば、日露の協力による中東和平の実現という世紀の大事業が実現することも可能です。このように、日露協力関係の強化はグローバルに好ましい影響を与える可能性があります。

さらに言えば、アメリカに対しても好ましい影響を与えることは決して不可能ではありません。日露経済協力によってロシアがハイテク産業国家に脱皮すれば、ロシアの外資に対する警戒心が和らぎ、アメリカの対露投資が促進される可能性も開けてきます。米露貿易も拡大の可能性が高まることでしょう。アメリカのロシアにおけるビジネスチャンスが広がることが予想されます。このように、日露関係と日米関係は決してゼロサムゲームではないのです。

しかし、わが国のロシア専門家の中には、米露関係がゼロサムゲームであり、同盟国アメリカの利益を無視してロシアとの関係を強化することはわが国にとって危険であるとの論調がしばしば見られます。これらの主張の根底にあるのはロシアに対する根深い不信感です。残念ながら、現在のロシア専門家の多くはソ連時代に対露強硬論を唱えた人たちで、基本的にはソ連時代のロシア観に基づいてロシアを信用することは危険であると警鐘を鳴らしているわけです。

彼らの論理を一言で言えば、ロシアは北方領土を返すつもりは毛頭ないが、日本からの経済支援を引き出すために領土問題解決を匂わせながら平和条約交渉を長引かせることにあるとするものです。要するに、ロシアに騙《だま》されてはいけないということなのです。もしそうであるとすれば、北方領土問題の解決は永遠にないという結論になります。彼らに聞いてみたいのは、では具体的にどうすれば四島は返還されるのかという質問です。これには明確な答えがありません。

「米国は日本への北方四島返還を全面的に支持している同盟国である。また、米国は尖閣諸島を日米安保条約の適用対象とすることを、ヒラリー・クリントン大統領候補は明言している。安倍政権は、当てにならないロシアではなく、真の同盟国の信頼を失う愚を犯すべきではない」（木村汎北海道大学名誉教授、2016年10月5日付産経新聞「正論」）。これは、ただロシアとの平和条約交渉はするなと言っているに過ぎません。残念ながら、アメリカは北方四島返還のために具体的にロシアに働きかけてくれたことはありません。四島返還を支持すると言うだけなら簡単です。問題は、そのために具体的な行動をとってくれるのかという点です。アメリカはわが国の同盟国である以上、ロシアや中国に対して、日本を擁護する具体的行動によって同盟国の証を示してほしいと思います。残念ながら尖閣を例に挙げれば、同盟国アメリカは、尖閣は安保条約の適応範囲ではあっても尖閣の帰属問題、つまり尖閣が日中どちらの領土であるかは日中両国で解決すべき問題だとして、尖閣は日本領だとは認めていないのです。

逆に言えば、アメリカが言うように、領土問題という国家の主権に関わる根幹的な問題は第三国の支持云々よりも、当事者間で交渉する以外にないのです。もちろん、同盟国アメリカの利益を大きく害するような交渉をロシアとすべきことでないことは、当然のことです。しかし、日米同盟関係の大枠の中でわが国の国益を進展させるためにぎりぎりの努力を払うことは、主権国家としての当然の権利です。

かつてイギリスの宰相を務めたパーマストン卿は、「永遠の敵国はいない、永遠の友好国もいない。永遠なのは国益のみである」との箴言《しんげん》を残しました。この箴言に倣うならば、わが国にとってロシアは永遠の敵国ではないし、アメリカは永遠の友好国でもありません。また、ここに言うロシアとアメリカを入れ替えてもこの箴言は有効です。このような変転極まりない国際情勢の中にあって、絶えずわが国の国益は何かを考えて対外関係を進めることが求められているわけです。

北方領土の大筋合意の内容

以上に述べたように、北方領土交渉を巡る道筋がここまで進展した以上、もはや議論は総論から具体策へと進まなければならないと考えます。とはいえ、12月のプーチン大統領訪日の際に領土問題が一挙に解決することは望み薄ですが、両首脳が少なくとも大筋で解決策に合意することが求められているでしょう。大筋で合意が見られたら、その後は両外務省間で平和条約の文言を詰めるという作業を始めることとなります。そこで、大筋合意の内容について、私案を披露したいと思います。

わが国としては、四島の返還という原則を崩すことはできません。つまり、四島がわが国の領土であることをロシアが認める必要があります。その上で、四島の具体的な返還条件を協議するという手順になります。歯舞・色丹の二島については、1956年の日ソ共同宣言で平和条約締結後の引き渡しが合意されていますので、残された問題は国後・択捉二島の返還条件ということになります。

そこで、国後・択捉の取り扱いについては、ロシアは二島の主権が日本にあることを認めるが、一定の期間（例えば20年間）施政権を行使するという「沖縄方式」が解決案として考えられます。この方式は、かつてエリツィン大統領時代に橋本総理による川奈提案として伝えられた方式に類似しています。川奈提案の詳細は明らかになっていませんが、択捉島の北に日露の国境線を引き、四島の帰属を日本に認める代わりに、当分の間ロシアが施政権を行使することが骨子と思われます。違いは、今回は8項目の経済協力計画が存在することです。二島に現に生活しているロシア住民の将来設計のための猶予期間が必要なことを考慮しますと、わが国としてロシアが一定期間施政権を行使することを認めることに、大きな抵抗はないでしょう。

他方、国後・択捉二島の日本への帰属についてロシアを説得する鍵は、施政権行使期間と８項目の経済協力との不可分の関係です。二島の租借期間は日本側の経済協力が約束通り実施されることを担保する期間との側面を持つものです。先に述べたロシア側の懸念を緩和するためにも必要であろうと思われます。安倍総理が８項目の進捗状況を検証する首脳会談を毎年ウラジオストックで開催しようと提案した背景に通じるものがあります。なお、ロシアの事情によっては、租借期間を延長する可能性を残しておくことも考えざるを得ないかもしれません。例えば、平和条約の中に「両国の合意によって租借期間を延長することができる」との一文を挿入することなどです。

恐らく最後まで残る問題は、ロシアが施政権を日本に返還した後も軍事戦略の観点から、国後島と択捉島の間の海域における潜水艦の自由航行を確保することを強く要求してくることではないかと考えられます。場合によっては施政権返還後もわが国がロシア海軍が国後島と択捉島に一定期間駐留することを認めることが必要になるかもしれません。この点も沖縄と同じ方式です。既に、政府内ではこの可能性が検討されている節が窺えます。９月４日の産経新聞は自民党の小野寺政調会長代理（元防衛大臣）が、ＴＶ番組で「北方領土が返還されてもロシア軍が一定期間いるとなれば、沖縄駐留米軍と同様に地位協定を結ぶことになる」との趣旨を発言したと報じています。

二人で最後の決断を

先に述べたように、わが国のメディアや知識人は押しなべて北方領土交渉の先行きに懐疑的です。悲観的ならまだしも、ロシアを信用してはならないといった不信論を唱える保守系の識者も少なくありません。ソ連時代のマイナス・イメージから来るロシアに対する警戒感が、依然として色濃く残っています。一方、ロシア側でも北方四島は第二次世界大戦の結果ロシアに帰属したとして、領土問題は解決済みとの強硬論が一部に根強く存在しています。

しかし、私は楽観していませんが、悲観もしていません。なぜなら、北方領土問題は安倍総理とプーチン大統領の二人によって政治決断される以外にないからです。米露の緊張関係や中国の対外膨張傾向など、現在の両国を取り巻く深刻な国際情勢を考えれば、日露関係はどうあるべきかについて結論は明らかなはずです。日本とロシアは、両国関係のあり方が世界の戦略地図に決定的な影響を及ぼすという環境のただ中に置かれているからです。日露両国にとってたとえ困難があっても、国益を冷徹に計算してより良き進路を選択しなければならない時が来ているからです。

安倍総理とプーチン大統領におかれては、日露関係の強化は両国関係に裨益《ひえき》するだけでなく、世界平和につながる問題であることに、畏敬の念をもって正面から向き合って頂きたい。両国の運命を握っている指導者に勇断を期待するのは、今がその時だからです。安倍総理とプーチン大統領が現職であるこの機会を逃せば、次回いつチャンスが巡ってくるか極めて不透明な状況にあります。日露首脳会談が行われる山口県長門市が、歴史に残る場所となることを期待する所以《ゆえん》です。

あとがき

本書脱稿の直前にちょっと気になるニュースがありました。国連総会出席のためニューヨーク訪問中の安倍総理が9月19日にヒラリー民主党大統領候補と会談したのです。一瞬わが目を疑いました。激しい大統領選挙が戦われている最中、ヒラリー候補だけと会談することは、安倍総理はトランプ候補ではなくヒラリーを支持しているとの印象を世界に与える恐れがあったからです。一方の候補にのみ会うことは、他の候補を不快にさせることになり、選挙妨害と批判されても致し方ない軽率な行為と映りました。わが外務省は、この度の会談はヒラリー側からの申し入れによるものと説明していますが、それなら尚更断るべきであったと感じました。それにもかかわらず、なぜヒラリー候補に肩入れするような行動をとったのか、疑問が益々膨らみました。

ところが、10月7日付産経新聞の記事を読んで、私の疑問は氷解しました。同記事によれば、安倍・クリントン会談に同席したキャンベル前国務次官補は、北方領土交渉で打開を目指す安倍政権の対ロシア政策を「戦略的な見識であり受け入れる」とヒラリー候補が述べたことを、10月5日の講演で明らかにしたというのです。

つまり、安倍総理は対露強硬派であるクリントン候補から、プーチン訪日を含め対露関係強化について予め了解を得たということです。そうしますと、ヒラリー候補との会談は安倍総理の戦略的見識に基づく周到な根回しであったと考えられるのです。

一方のトランプ候補は、プーチン大統領と良好な関係にあるので日露関係強化に反対することは予想されません。だから、あえてトランプ氏と面会しておく必要はなかったのでしょう。とはいえ、ヒラリー候補との面談の趣旨を何らかのルートでトランプ候補に伝えて、余計な憶測の芽を摘んでおいたであろうことも十分想像できます。

これで、トランプとヒラリーのどちらが大統領になっても、日露関係を推進することが可能になったといえます。日本とロシアが連携を強化すれば、中国もわが国に一目置かざるを得なくなります。２０１７年はいよいよ日露新時代の到来とともに、わが国の国際的地位がより安泰になる年になります。このような時代背景の下で、わが国の安全保障をより確かなものとするために、ささやかなりとも微力を尽くしたいと改めて心している今日この頃です。最後まで読んでいただき、感謝申し上げます。

2016年10月吉日　馬渕睦夫

文庫版あとがきに代えて　今後の日露関係

この文庫本のもとになった『２０１７年　世界最終戦争の正体』の最終章において日露関係を重点的に取り上げました。

２０１４年のロシアによるクリミア併合に対して、アメリカはじめヨーロッパ諸国や日本はロシアに対して制裁を行いましたが、当時の安倍総理は西側の一員として制裁に参加しつつも実質的な効果があまりない制裁を選択してロシアの面子に配慮しつつ、絶妙なバランス外交を推進して、プーチン大統領との間で北方領土交渉を意欲的に続けられました。その結果、１９５６年の日ソ共同宣言に従い歯舞、色丹の返還により平和条約を締結するとの解決寸前にまで至りました。

当時のアメリカ大統領は対日関係に厳しかったオバマから、「アメリカファースト・各国ファースト」を唱え、グローバリズムに反対するトランプ大統領に交代していました。反グローバリストであるプーチン大統領、トランプ大統領、安倍総理の下で北方領土問題を解決する国際環境は整ったのですが、日露関係強化に抵抗する勢力がプーチン大統領に圧力を強めたのです。

つまり、ロシア国内の反プーチン勢力、主としてユダヤ系のロシア政界や経済界の有力者の反対が強かったようです。彼らはアメリカのネオコン勢力と同じくグローバリズムによる世界統一の協力者なのです。プーチン大統領といえどもこれら有力者の意向はむげに無視するわけには行かなかったようでした。安倍総理はこのようなロシア国内の微妙な力関係にも精通しておられました。

国際政治は一種のドラマでもあります。本書で扱った時期のドラマの世界的主役はプーチン大統領と安倍総理でした。そこへ、２０１７年からトランプ大統領が加わりました。

安倍総理はこのような国際政治のドラマの中で7年8か月にわたり主役であり続けられたのでした。２０２２年7月8日凶弾に倒れられた安倍総理に対し世界の指導者から単なる儀礼を超えた心のこもった弔意が寄せられたことが何よりもの証拠です。

安倍総理のレガシーの一つである北方領土交渉は今頓挫した状況にあります。安倍総理は退任後も水面下でロシア側とコンタクトを続けられていました。

しかし、今回のウクライナ戦争に際し岸田総理がネオコン側に100パーセント与《くみ》したため、水面下の交渉が宙に浮いたままになっているように感じられます。わが国の安全保障にとって中露を同時に敵にするというのは絶対に避けなければならない鉄則です。本書で分析した安倍総理の対ロシア認識は現在でもいささかも古くなっていません。2022年11月8日の米中間選挙後の国際情勢をどう乗り切るか、わが国は待ったなしの対応を迫られているのです。

著者プロフィール
馬渕睦夫（まぶち むつお）
1946年、京都府生まれ。京都大学法学部３年在学中に外務公務員採用上級試験に合格し、68年外務省に入省。71年、研修先のイギリス・ケンブリッジ大学経済学部卒業。2000年、駐キューバ大使。05年、駐ウクライナ兼モルドバ大使を経て、08年外務省退官。同年防衛大学校教授に就任し、11年退職。主な著書に『ディープステート　世界を操るのは誰か』『ウクライナ紛争　歴史は繰り返す　戦争と革命を仕組んだのは誰だ』（共にワック）、『日本を蝕む　新・共産主義　ポリティカル・コレクトネスの欺瞞を見破る精神再武装』（徳間書店）など多数。

カバーデザイン／藤牧朝子
本文ＤＴＰ／㈱ユニオンワークス
編集／中尾緑子

本書は２０１６年11月に小社より刊行した
『２０１７年　世界最終戦争の正体』を増補、改訂したものです。

宝島
SUGOI
文庫

世界最終戦争の正体
(せかいさいしゅうせんそうのしょうたい)

2022年11月19日　第1刷発行

著　者　馬渕睦夫
発行人　蓮見清一
発行所　株式会社 宝島社
〒102-8388　東京都千代田区一番町25番地
電話:営業 03(3234)4621／編集 03(3239)0927
https://tkj.jp
印刷・製本　株式会社広済堂ネクスト

First published 2016 by Takarajimasha, Inc.
ISBN 978-4-299-03659-9